Walt Disney

Zauberhafte Märchen

Robin Hood • Pinocchio • Cinderella • Bernard & Bianca

Unipart-Verlag • Stuttgart

Unipart-Verlag GmbH
Remseck bei Stuttgart, 1992
Genehmigte Lizenzausgabe

Sammelband unter Verwendung
von Geschichten aus der
Serie: Walt Disney „Toray“

ISBN 3 8122 3167

Robin Hood

Dies ist die Geschichte von Robin Hood, dem tapferen Helden, dessen Kühnheit keine Grenzen kannte.

Alles fing damit an, daß unser guter König Richard Löwenherz den Ratschlägen seines Bruders, Prinz John, folgte und auf Kreuzzug ging.

John war das genaue Gegenteil von König Richard: geizig, herrschsüchtig und grausam. Er träumte davon, einmal König von England zu werden. Sein Berater Hiss war ein genauso schlechter Kerl wie er, und beide unterdrückten mit ihren unverschämten Steuern die braven Bürger von Nottingham, die schon in bittere Armut geraten waren. Aber es gab jemand, der auf ihrer Seite stand und sich für sie einsetzte: Robin Hood.

„Ich mach' mir Sorgen", sagte Hänschen, Robins Kamerad. „Immer sind wir auf der Flucht, und jetzt ist sogar Geld auf unsere Köpfe ausgesetzt. Und das wegen Diebstahl! Das ist nicht richtig. Man hat mir immer gesagt, daß Stehlen eine schlechte Angewohnheit ist."

„Jetzt fängst du schon wieder an mit deinen Gewissensbissen, mein lieber Freund", erwiderte Robin. „Ich habe dir doch schon tausendmal erklärt, daß wir nicht stehlen... Allenfalls nehmen wir denjenigen ein wenig Geld weg, die zuviel davon haben, und geben es denjenigen, die noch nicht einmal das Allernotwendigste besitzen. Das ist nichts Falsches. Oder würdest du es lieber sehen, wenn die Kinder von Nottingham vor Hunger sterben würden, weil ihnen Prinz John mit seinen unverschämten Steuern alles wegnimmt, was ihnen gehört?"

„Nein, natürlich nicht!"

„Na, siehst du! Prinz John nimmt ihnen das Geld weg, das sie brauchen, um Essen

kaufen zu können. Und wir nehmen es dann dem Prinzen wieder weg und geben es den Armen zurück!“

„Ja, und dann kommt der Sheriff und nimmt ihnen das Geld wieder weg, und so geht es immer weiter. Auf diese Weise verändert sich doch nie etwas!“

„Richtig! Solange in England das Volk unterdrückt und ausgeblutet wird und keine Gerechtigkeit herrscht, werden wir nie zur Ruhe kommen. Ich fürchte sehr, daß das so bleibt, bis unser geliebter König Richard Löwenherz zurückkommt.“

Aus der Ferne tönte Trommelwirbel und Trompetenklang zu ihnen herüber und machte sie aufmerksam. Sogleich liefen sie los, um sich einen guten und sicheren Aussichtsposten zu suchen.

Kurz darauf konnten sie eine lange Reihe von Soldaten erkennen, die einer goldenen Karosse das Geleit gaben.

„Das ist ja unser Prinz John höchstpersönlich!“ rief Robin Hood und pfiff vor Verwunderung durch die Zähne.

„Er ist sicher auf dem Rückweg von seiner jährlichen Steuereintreibungsreise durch die Grafschaften des Landes. Siehst du dort die große Truhe, die von den Soldaten geschleppt wird? Ich wette, daß sie voller Goldstücke ist! Komm, wir haben keine Zeit zu verlieren! Dieses Geld muß seinen Besitzer wechseln!“

Im Innern der Karosse betrachtete Prinz John mit gierigem Blick die vielen Goldstücke, die er in einem Sack vor sich hatte. Denn die Truhe, die die Soldaten schleppten, war nicht der einzige Behälter, in dem das Ergebnis seines Steuerraubzugs lagerte.
„Steuern! Steuern! Steuern!" jauchzte er, geblendet vom Schimmern des Goldes. „Herrliche, wunderbare Steuern!"
„Diesmal ist es noch besser ausgefallen als gewöhnlich", sagte Hiss, der immer bemüht war, seinem Herrn zu schmeicheln. „Nur die Dörfler sind ein wenig traurig!"
„Was kümmert mich schon das dumme Landvolk? Hauptsache, daß es seine Steuern zahlt! Und noch dazu bin ich jetzt der König. Mein schwächlicher Bruder ist ja vor Ewigkeiten abgereist ist... Bestimmt kommt er nie mehr wieder und mir gehört das ganze Land und das ganze Gold, ha, ha!"
„Wahrsager! Wir sind Wahrsager!" hörten sie plötzlich draußen rufen. „Wir sagen die Zukunft voraus, und das gratis!"
Zwei Zigeunerfrauen, eine groß und dick, die andere dünn und klein, standen am Straßenrand und machten tiefe Verbeugungen.
„Komm, steig ein!" lud der selbsternannte König die kleine Zigeunerin in die Karosse ein. „Ich wünsche, daß du mir eine gute Zukunft weissagst!"
Die Zigeunerin – niemand anderes als Robin Hood – holte eine Art Glaskugel hervor, in der ein paar Glühwürmchen herumschwirrten, die dem Prinzen wie Geister aus dem Jenseits erschienen. Während Robin mit geheimnisvoller Stimme einige Zaubersprüche murmelte, schnitt Hänschen mit seinem Messer ein Loch in den Boden der Truhe, auf die im Moment niemand achtete;

denn die Soldaten hatten sich in einem weiten Kreis niedergelassen, um Straßenräuber und anderes Gesindel abzuwehren. So ließ Hänschen die Goldstücke in den riesigen Ausschnitt seines Kleides kullern, während Robin wahrsagte.
„Ihr werdet der mächtigste König Englands sein“, hörte man ihn prophezeien, während er die Zerstreutheit des Prinzen ausnutzte und zwei Säckchen voller Goldstücke aus dem großen Sack einsteckte.
„Oh, genau wie ich es mir gedacht habe!“ klatschte Prinz John in die Hände und bemerkte nicht einmal, daß ihm die „Zigeunerin“ sogar seinen prachtvollen Samtrock ausgezogen hatte.
„Fertig“, flüsterte Hänschen. „Laß uns verschwinden!“
„Adieu, Hoheit“, sagte Robin schnell und verbeugte sich. „Wir haben jetzt alles, was wir brauchen.“ Er sprang aus der Kutsche, doch in der Eile stolperte er über Hänschen, so daß sie beide hinfielen und ihre Beute über den Boden rollte.

Vor den verdutzten Blicken aller Anwesenden sammelten sie die Goldstücke in Windeseile wieder ein und verschwanden im Wald, noch ehe die Zurückgebliebenen aus dem Staunen herausgekommen waren und reagieren konnten.
„Hilfe! Leibwache! Man hat mich bestohlen!“ schrie Prinz John. „Straßenräuber!“
„Ihnen nach! Sie dürfen nicht entkommen!“ befahl der Hauptmann seinen Soldaten und rannte los.
Die ganze Truppe machte sich auf eine wilde Verfolgungsjagd. Die königliche Karosse war auch mit von der Partie, obwohl sie auf dem holprigen Weg gefährlich hin und her schwankte.
Natürlich konnte niemand ahnen, daß Hänschen die Achsen der Karosse gelockert hatte, weshalb diese auch bald zusammenbrach und Prinz John mitten in einer Schlammpfütze landete.
„Man hat mich beraubt! Man hat mich schändlich bestohlen!“ schrie er weinend und strampelte dabei wie ein kleines Kind.

Zur selben Zeit stand in Nottingham Tristan, der Schmied, an seinem Amboß. Er war eigentlich schon viel zu alt, um diese schwere Arbeit zu verrichten. Von der Gicht geplagt, konnte er sich fast nicht mehr bewegen und mußte sich auf eine Krücke stützen, während er am Feuer das Eisen schmiedete.
„Wie geht es deinem Bein?" fragte ihn ein dicker Mönch, der gerade zur Tür hereinkam.
„Guten Tag, Bruder Tuck! Du siehst es ja, schlechter denn je, aber es bleibt mir ja keine andere Wahl als weiterzuarbeiten. Diese verdammten Steuern werden uns noch alle umbringen!"
„Ja, seit Robin Hood dem Prinzen seinen neuesten Streich gespielt hat, haben sich die Steuern noch einmal verdoppelt."
„Trotzdem freut sich jedermann, wenn es Robin gelingt, etwas zu erbeuten, was uns der Prinz vorher weggenommen hat. Gesegnet sei er, denn er verteilt es immer unter denjenigen, die am meisten Not leiden."
„Darüber wollte ich gerade mit dir sprechen", sagte der gute Mönch, während er einige Goldstücke aus seinem Kittel zog. „Das bringe ich dir von Robin... Versteck' sie gut, ehe der Sheriff kommt und mehr verlangt."
Kaum hatte er diese Worte ausgeprochen, als die Tür mit einem Schlag aufging und der Sheriff von Nottingham vor ihnen stand.
„Ah ja, der liebe Bruder Tuck, sicher gerade wieder dabei, Gutes zu tun, nicht wahr?"

„Ja, auch Kranke zu besuchen ist ein Werk der Nächstenliebe!“
„Sehr gut... Auch ich will heute eine gute Tat vollbringen. Komm, Freund Tristan, setze dich zu mir, ich will dir helfen.“
Der Schmied humpelte gehorsam zu seinem Schaukelstuhl, wobei die Goldstücke leise klimperten, was dem Sheriff natürlich nicht entging. Er wußte, wo die Leute ihr Geld versteckten. Als der Schmied sich setzte, zwang ihn der Sheriff regelrecht dazu, sein krankes Bein hochzulegen..., und die Goldstücke kullerten auf den Boden. Tristan hatte sie in seinem Beinverband versteckt gehalten.
„Schau mal einer an, wo er das Geld für seine Steuern aufbewahrt!“ rief der Sheriff. „So vorsichtig, damit sie dir auch ja kein Räuber entreißt? Ja, ich weiß, du bist ein treuer Diener deines Prinzen. Nun gut, bis nächsten Monat dann!“ Und schon war er mit einem breiten Grinsen durch die Tür verschwunden.
Er ging direkt in das gegenüberliegende Häuschen, das genauso armselig aussah wie das vorige. Es wohnte eine Hasenmutter darin, eine Witwe mit vielen kleinen Hasenkindern, die sich ihren Lebensunterhalt mühsam mit Näharbeiten verdiente.
An jenem Tag wurde gerade der Geburtstag von Skippy gefeiert, und die arme Witwe hatte nächtelang gearbeitet, um ein Goldstück zu verdienen, das sie ihrem Sohn schenken wollte.
Das kleine Häschen war überglücklich. Es war das erste Goldstück in seinem Leben, und seine Begeisterung kannte keine Grenzen.

„Ein hübsches Geschenk, jawohl", meinte der Sheriff, der eben hereingekommen war, und nahm es zwischen die Finger. „Prinz John wird sehr zufrieden sein, wenn er erfährt, daß schon du in deinen jungen Jahren brav dein Scherflein zu den Staatseinnahmen beiträgst."
Im selben Moment trat ein Bettler ins Haus, mit einem alten Zinnbecher in der Hand, in dem ein paar Kupfermünzen klimperten.
„Das ist zwar nicht viel..., aber einige von diesen ergeben auch eine Silbermünze..., und mit ein paar Silbermünzen ist der Weg zum Goldstück nicht weit", bemerkte der Sheriff und nahm dem blinden Bettler die Münzen weg.
Bevor er das Haus wieder verließ, besaß er auch noch die Unverschämtheit, dem weinenden Skippy zum Geburtstag zu gratulieren und zu singen: „Hoch soll er leben, hoch soll er leben...!"
Sobald die Hasenmutter reagieren konnte, half sie dem Bettler, sich niederzusetzen.
„Es tut mir leid, daß Ihr um Euer Geld gekommen seid... Ich habe nicht eine Münze mehr, um sie Euch geben zu können. Aber Ihr dürft gerne an unserem bescheidenen Mahl teilnehmen... "
Der Blinde drehte den Kopf von einer Seite zur anderen, als ob er sehen könnte, dann nahm er auf einmal seine dunkle Brille ab und zog seine Lumpen aus, unter denen ein prächtiges Wams zum Vorschein kam.
„Robin Hood!" rief Skippy und sprang vor Freude in die Luft.
„Psst! Schrei nicht so! Der Sheriff kann noch nicht weit sein."
„Oh, Robin, was für eine Freude!" flüsterte die Hasenmutter.
„Habt ihr vielleicht geglaubt, ich würde den Geburtstag eines meiner treuesten Anhänger vergessen?" lachte Robin. „Hier ist sein Geburtstagsgeschenk."
„Pfeil und Bogen!" jubelte das Häschen und hüpfte herum. „Jetzt bin ich endlich ein richtiges Mitglied von Robin Hoods Bande!"

„Bis du richtig groß bist, bleibst du am besten noch im Haus deiner Mutter und hilfst ihr, so gut du kannst." Bevor Robin aus dem Haus ging, legte er noch unbemerkt ein Säckchen voller Goldstücke auf den Kaminsims. Skippy ging gleich darauf mit seinem besten Freund Toby nach draußen, um den Bogen auszuprobieren. Skippy legte den Pfeil auf und... zisch! Schon verlor sich der Pfeil hinter den hohen Mauern der Burg von Nottingham.
„Jetzt bist du deinen Pfeil los", riefen seine Begleiter.
„Nein... Ich hole ihn mir zurück!"
Er ging auf das eiserne Tor zu, durch dessen Gitterstäbe er unbemerkt auf die andere Seite schlüpfte. Doch kaum hatte er ein paar Schritte gemacht, als er fröhliche Stimmen hörte. Das Lachen kam von zwei Federballspielerinnen, von Lady Mary-Ann und Frau Kluck.
Plötzlich landete der Federball direkt vor Skippys Füßen. „Ich hol' ihn schon!" rief Mary-Ann und lief los. Ihre Überraschung war nicht gering, als sie neben dem Federball das erschrockene Häschen sah.
„Lady Mary-Ann! Robin Hoods Verlobte!" rief Skippy. „Bist du immer noch in Robin verliebt? Wann werdet ihr heiraten?"
„Also..., ich weiß nicht so genau. Vielleicht hat mich Robin ja schon längst vergessen. Es ist schon so lange her, daß er mich das letzte Mal besucht hat!"
„Dich vergessen? Nein, auf keinen Fall! Wenn er doch die ganze Zeit nur von dir spricht... Ich bin mir sicher, daß er bald kommt. Er wird dich in den Wald von Sherwood entführen..." Mary-Ann träumte für einen Augenblick vor sich hin, gab dann dem Häschen einen Kuß auf beide Ohren und lief zurück zum Federballspiel, wo die sanftmütige Frau Kluck auf sie wartete.

Auf einer Lichtung im tiefen Wald von Sherwood rührte Robin gedankenverloren mit einem großen Holzlöffel im Topf.
„Du denkst schon wieder an sie, nicht wahr?“ fragte Hänschen. „Weißt du, was du machen solltest? Sie auf der Stelle heiraten!“
Robin seufzte laut auf.
Plötzlich stand Bruder Tuck vor Robin: „Ich bringe euch wichtige Nachrichten. Morgen wird ein Wettkampf im Bogenschießen veranstaltet, und der Preis ist ein goldener Pfeil.“
„Wir sind ja wohl bestimmt nicht dazu eingeladen, ha, ha, ha!“
„Aber vielleicht ist Robin trotzdem interessiert, daran teilzunehmen? Wißt ihr, wer den Preis übergeben wird? Lady Mary-Ann...“
„Mach' meine Pfeile und meinen Bogen fertig, Hänschen!“ schrie Robin Hood und war mit einem Satz auf den Beinen. „Ich werde morgen der Sieger sein.“
„Und wirst zugleich deinen Kopf verlieren. Es werden jede Menge Spitzel dort sein!“
„Das kümmert mich nicht!“
Das Feld, auf dem der Wettkampf stattfinden sollte, war festlich geschmückt. In der Mitte erhob sich eine königliche Tribüne, auf der Prinz John, Lady Mary-Ann und Frau Kluck Platz genommen hatten. Im letzten Moment gesellte sich auch noch eine sehr sonderbare Persönlichkeit zu ihnen, die sich als Graf Chutney vorstellte und die niemand anderer als unser verkleidetes Hänschen war.
Die Bogenschützen zogen nacheinander an der Tribüne vorbei und machten vor Prinz John und Lady Mary-Ann eine tiefe Verbeugung.
„Welcher von ihnen ist wohl Robin?“ fragte sich das Edelfräulein.
Genau das gleiche fragte sich auch Prinz John, aber natürlich stand bei ihm eine ganz andere Absicht dahinter.

Den Wettkampf hatte er nämlich nur deshalb veranstaltet, damit er Robin eine teuflische Falle stellen konnte.
„Hast du diesen wackeligen Storch dort gesehen?" lachte der Prinz und zeigte auf einen der Bogenschützen, der links neben dem Sheriff von Nottingham stand. Auch der Sheriff nahm natürlich an diesem Wettkampf teil.
Jener Bogenschütze war wirklich eine merkwürdige Gestalt. Sein langer Schnabel stand unter einem uralten Hut hervor, der ihm weit über die Augen hing. In der Hand hielt er einen alten, kümmerlichen Bogen. Sein Pfeilköcher, den er auf dem Rücken trug, sah ebenfalls ziemlich schäbig aus.
Das Turnier begann, und nach dem ersten Durchgang war schon die Hälfte aller Teilnehmer ausgeschieden.
Der Sheriff stellte unter Beweis, daß er ein ausgezeichneter Schütze war, denn alle seine Pfeile trafen ins Schwarze. Das gleiche war auch bei dem merkwürdigen Storch der Fall, der trotz seiner armseligen Ausrüstung immer die Mitte der Zielscheibe traf.
Nach einer halben Stunde blieben nur mehr der Sheriff und der Storch übrig und lieferten sich ein spannendes Duell.
„Stellt die Zielscheibe zwanzig Schritt weiter zurück!" verlangte der Sheriff. Die Scheibe hing an einem Holzgestell, das nun auf Anweisung des Sheriffs verschoben wurde.
Das Publikum stand ausnahmslos auf der Seite des Storchs und applaudierte jedem seiner Treffer mit Begeisterung. Denn der Sheriff war in der ganzen Gegend höchst unbeliebt, und keiner hätte ihm den Wettkampfsieg gegönnt.
Nun war der Abstand wirklich groß. Der Sheriff zielte sorgfältig, dann zischte sein Pfeil durch die Luft.

„Jetzt bist du dran“, sagte der Sheriff hochnäsig, ohne auf die Buhrufe der Zuschauer zu achten. „Jetzt zeig’, ob du fähig bist, einen besseren Schuß abzugeben als ich!“
„Neun!“ rief der Chef der Kampfrichter, als er den Pfeil des Sheriffs aus der Zielscheibe zog, und niemand bemerkte auf die große Entfernung hin, daß er nur die Acht getroffen hatte.
Sein Gegner legte einen seiner klapprigen Pfeile auf, spannte den Bogen, und genau in dem Moment, als er den Pfeil loslassen wollte, gab ihm der Sheriff einen Schubs, so daß der Pfeil in eine ganz andere Richtung flog.
„Foul! Das war nicht fair!“ schrie das Publikum.
Aber schon hatte der Storch blitzschnell den nächsten Pfeil aufgelegt und ihn dem vorigen nachgeschossen, ohne daß sich jemand erklären konnte, was er damit erreichen wollte. Der zweite Pfeil schoß rasend schnell durch die Luft, holte den ersten ein und stieß so mit ihm zusammen, daß er die Richtung änderte und sich genau in die Mitte der Zielscheibe bohrte.
„Zehn!“ rief der Schiedsrichter und konnte kaum glauben, was er eben mit eigenen Augen gesehen hatte.
Prinz John, der schon sicher gewesen war, daß der Sheriff der Turniersieger würde, sank bleich in seinen Thron zurück und brachte kein Wort über seine Lippen.
Lady Mary-Ann und Frau Kluck jubelten indessen laut wie der Rest des Publikums. Jeder freute sich diebisch, daß der unbeliebte Sheriff um den Preis gekommen war und sich mit seiner anmaßenden Art blamiert hatte.
Der feierliche Augenblick der Preisübergabe war nun gekommen, und der Storch näherte sich unter dem immer noch anhaltenden Beifall der Ehrentribüne.
Dort erwartete ihn eine strahlende Lady Mary-Ann mit dem goldenen Pfeil auf dem Kissen.

„Meine herzlichsten Gückwünsche!“ sagte sie. „Du hast dir den ersten Preis redlich verdient!“
„Einen Moment“, unterbrach sie da Prinz John, noch bevor Lady Mary-Ann dem Storch den goldenen Pfeil übergeben konnte. „Machen wir das, wie es sich gehört... Du, Bogenschütze, beug’ deine Knie vor mir, damit ich dich mit meinem Schwert zum Sieger erklären kann!“
Der Storch schaute den Herrscher mißtrauisch an. Denn dieser hatte ein merkwürdiges Glitzern in den Augen, als er das Schwert zur Hand nahm. Zögernd verbeugte sich Robin aber schließlich, um den Schwertschlag zu erhalten.

Doch anstatt ihm das Schwert auf die Schulter zu legen, fuhr ihm Prinz John damit unter das Wams. Mit einem Ruck schlitzte er es auf..., und darunter kam Robin Hood zum Vorschein!
„Wache! Nehmt ihn fest!“ schrie der Prinz laut. Augenblicklich war unser Held von der Leibwache des Prinzen umzingelt.
Der Sheriff von Nottingham verschnürte ihn genüßlich wie ein Paket.
„Letzten Endes habe also doch ich den Sieg davongetragen! Wie dumm von dir, in eine solche Falle zu gehen! Es wird dich teuer zu stehen kommen, daß du mich vor dem ganzen Volk lächerlich gemacht hast!“
„Robin Hood!“ rief da Prinz John. „Ich verurteile dich hiermit zum Tode..., und das Urteil wird auf der Stelle vollstreckt! Die Verräter der Krone müssen sterben!“
„Du bist der Verräter, denn du trägst zu Unrecht die Krone deines Bruders!“ sagte da Robin laut.

Er wandte sich dem Volk zu, das das Schauspiel erschrocken und verängstigt beobachtet hatte, und schrie: „Lang lebe unser König Richard Löwenherz!“ Vom Schrei unseres Helden ermutigt, fiel die Menschenmenge ein und brüllte ebenfalls: „Lang lebe unser König Richard Löwenherz!“
Dieser Treuebeweis des Volkes gegenüber seinem verhaßten Bruder brachte Prinz John ganz außer sich. Er trommelte mit seinen Fäusten auf der Tribüne herum und schrie verzweifelt: „Ich bin der König! Ich bin der König! Und jeder, der das nicht anerkennt, wird hingerichtet, genau wie Robin Hood!“
In dem lautstarken Tumult hatte niemand auf Hänschen geachtet, der leise hinter die Tribüne geschlüpft war. Von den Vorhängen verdeckt, drückte er dem Prinzen seine Dolchspitze in den Rücken, während er ihn mit der anderen Hand fest am Nacken packte.
„Gib' sofort den Befehl, Robin Hood freizulassen, oder dein letztes Stündlein hat geschlagen!“ drohte er und piekste mit dem Dolch noch ein wenig fester durch den Stoff. Der Prinz zuckte zusammen und biß sich auf die Lippen, als er den Piekser spürte.
„Gib' den Befehl!“ drohte Hänschen wieder.
„Laßt ihn sofort frei!“ hörte man da den Prinzen rufen. Erstaunt wandten sich alle Köpfe ihm zu.
„Aber, Hoheit...“, protestierte der Sheriff.
„Ihr habt doch gesagt...“
„Laßt ihn frei“, wiederholte der Prinz, denn Hänschen hatte den Druck des Dolches noch einmal verstärkt.

Während die Soldaten verdutzt seinen Befehl ausführten, schlich der Sheriff sich hinter die Tribüne, denn er war überzeugt davon, daß sich der Grund für den plötzlichen Sinneswandel des Prinzen dort finden ließ. Als er Hänschen hinter dem Vorhang entdeckte, zog er sein Schwert aus der Scheide.
Doch Hänschen hörte das Geräusch, welches das Schwert beim Herausziehen machte, und konnte sich gerade noch blitzschnell zur Seite werfen, ehe der fürchterliche Hieb auf ihn niedersauste, der seinen Kopf gespalten hätte. Als Antwort darauf versetzte er dem Sheriff einen so kräftigen Faustschlag auf die Nase, daß dieser bewußtlos auf den Rücken fiel.
Vom drohenden Druck des Dolches befreit, hatte sich der Prinz in der Zwischenzeit in Sicherheit gebracht und schrie jetzt laut: „Tötet ihn! Tötet Robin Hood!“ Aber Robin, bereits von seinen Fesseln befreit, hatte sich blitzschnell ein Schwert beschafft, mit dem er sich seine Gegner vom Leibe hielt. Doch es war ein sehr ungleicher Kampf. Das ganze Heer stürzte sich auf unseren Helden, der ständig nach hinten ausweichen mußte, um den langen Lanzen zu entgehen, und dabei immer mehr an Boden und Bewegungsfreiheit verlor.
Mit dem goldenen Pfeil in der Hand stürzte sich der Sheriff indessen auf Lady Mary-Ann. Wenn es ihm gelang, sie gefangenzunehmen, so überlegte er, dann konnte er sie als Geisel verwenden und damit Robin Hood dazu bringen, sich zu ergeben.
Doch er hatte nicht mit Frau Kluck gerechnet. Entschlossen packte ihn die beleibte Dame am Arm und warf ihn mit einem Schultergriff über ihren Kopf.

„Es ist höchste Zeit, zu verschwinden!“ rief Hänschen.
Das fand auch Robin, der sich sogleich mit Mary-Ann auf den Armen auf den Weg machte und blitzschnell im Wald verschwand.
Die Nachricht, daß Robin Hood wieder einmal erfolgreich aus einer Auseinandersetzung mit dem Sheriff und dem Prinzen hervorgegangen war, verbreitete sich wie ein Lauffeuer in ganz England. Doch nirgends wurde dieses Ereignis mehr gefeiert als in Nottingham, wo einige Einwohner sogar ein Spottlied über den Prinzen dichteten, das bald überall in Umlauf war.
„Dieser Robin Hood macht mich lächerlich“ brüllte Prinz John rot vor Wut. „Ich werde die Steuern verdoppeln! Nein, noch besser, verdreifachen... Und jeder, der nicht zahlen kann, kommt hinter Gitter. Dort kann er sich freuen, wenn er mag.“
Er freute sich diebisch bei dem Gedanken an das volle Gefängnis, auch wenn er im Grunde seines Herzens eigentlich sehr gekränkt war. Doch schließlich wollte er ja nicht ein beliebter, sondern ein reicher Herrscher sein, und das würde ihm mit dieser Maßnahme ja noch viel leichter gelingen.
In kurzer Zeit füllte sich das feuchte Verlies der Burg von Nottingham. Sogar Frauen und Kinder, ja sogar ganze Familien wurden dort eingesperrt; zusammen mit Alan Dale, dem Minnesänger... Und auch der alte Schmied Tristan lag in Ketten.

Ja, niemand blieb verschont, ob jung oder alt, ob gesund oder krank, ob klein oder groß, rücksichtslos wurden die Einwohner von Nottingham und Umgebung von den Häschern des Sheriffs und den Soldaten des Prinzen gefangengenommen und eingesperrt.
In ihren Zellen hörten sie jeden Tag, wie Bruder Tuck die Kirchenglocken läutete, obwohl der gute Mönch wußte, daß niemand zur Messe kommen würde. Denn all seine Getreuen saßen ja im Kerker ein. Trotzdem war es für die Gefangenen ein Trost, die Glocken läuten zu hören.
„Dieser Mönch will uns herausfordern", brummte der Sheriff. „Ich glaube, es ist an der Zeit, daß wir ihm einen Denkzettel verpassen!" Und schon war er in der Kirche, um weitere Abgaben zu verlangen, die der gute Bruder natürlich nicht bezahlen konnte. Ein paar Stunden später lag auch der arme Bruder Tuck in Ketten..., zum Tode verurteilt!
Das Schafott wurde in der Mitte des Dorfplatzes aufgestellt, und es war der Sheriff höchstpersönlich, der die Arbeiten dazu leitete.
„Ausgezeichnet!" rief er schließlich zufrieden. „Das paßt genau für eine Doppelhinrichtung!"
„Eine Doppelhinrichtung?" fragte Lelo, einer der Soldaten der Leibwache. „Ich dachte, wir würden nur Bruder Tuck aufhängen!"
„Was du schon glaubst! Robin Hood wird doch bestimmt verhindern wollen, daß wir seinen Helfershelfer ins Jenseits befördern... Er wird sicher kommen, um ihn zu retten!

Da würde ich darauf wetten! Und dann fassen wir auch ihn und hängen sie beide auf einen Schlag!"
„Sie sind ja ein Genie, Chef!" klatschte Lelo in die Hände.
Natürlich war Robin Hood in dem Wald von Sherwood das alles bekannt, denn er hatte seine Späher auch unter den Tieren des Feldes und des Waldes. Mit seinem Freund Hänschen beratschlagte er, was zu tun sei. Kurz nachdem das Schafott auf dem Marktplatz fertiggestellt war, erschien dort der Blinde, den wir ja bereits kennen. Er tastete mit seinem Stock den Boden ab und stieß auch gleich damit gegen das Holzgestell.
„Potzblitz!" rief er und täuschte großes Erstaunen vor. „Was ist denn das?"
„Ein Galgen! Und ich rate dir zu verschwinden, wenn du nicht willst, daß wir ihn mit dir ausprobieren!"
„Ja, wer wird denn gehängt?" „Bruder Tuck... und noch jemand, der sich bestimmt noch einfinden wird." Der Blinde schlurfte langsam weiter, aber kaum war er um die Ecke, befreite er sich von seiner Verkleidung und rannte zu Hänschen, der sich nicht weit von dem Dorfplatz entfernt versteckt gehalten hatte.
„Wir müssen schnell handeln!" flüsterte Robin. „Denn sie werden Bruder Tuck beim Morgengrauen hängen. Das Schafott ist schon fertig. Und sie wollen uns eine Falle stellen und mich gleich mithängen..., aber wir werden noch sehen, wer da hineinfällt!"
Als es Nacht wurde, huschten Robin Hood und Hänschen wie zwei Schatten zur Burgmauer. Sie warfen ein Seil über eine der Zinnen, und gleich darauf kletterten sie daran hoch, bis sie oben auf der Burgmauer standen.

„Es sind viel mehr Wachen aufgestellt als sonst!“ flüsterte Robin seinem Freund ins Ohr. „Man merkt sofort, daß sie uns erwarten!“ Vorsichtig seilten sich die beiden in den Burghof ab. Dort schlichen sie sich im Schutze der Dunkelheit vorsichtig weiter.
Am Eingang des Burgverlieses sahen sie überrascht, daß der Sheriff höchstpersönlich Wache vor dem Eingang hielt, allerdings schlief er und schnarchte laut dabei.
Geschickt nahmen sie dem schlafenden Sheriff das Schlüsselbund ab. Zwar knirschte das Schloß, als der Schlüssel darin umgedreht wurde, aber der Sheriff schlief so fest, daß er von alledem nichts bemerkte. Und so schlüpfte Hänschen hinunter ins Burgverlies, während Robin sich wieder zurück in den Burghof schlich. Ohne den geringsten Lärm zu machen, erreichte unser Held den Turm, in dem Prinz John seine Privatgemächer hatte. Er zog sich die Verkleidung aus und machte sich daran, die Mauer hochzuklettern.
Er warf ein Seil über das Balkongitter und zog sich auf Zehenspitzen in das Zimmer, in dem Prinz John nicht weniger laut schnarchte wie Sir Hiss, dessen Bett am Fußende seines Herrn und Gebieters stand. Das ganze Gold stand ebenfalls in diesem Zimmer, sorgfältig in Säcke verstaut.
In der Zwischenzeit erledigte Hänschen seinen Teil der Aufgabe ohne Schwierigkeiten. Er befreite Bruder Tuck, und zu zweit brauchten sie nicht lange, um alle Gefangenen zu befreien.
Und schon kam ein Pfeil von Robin angeflogen, an dessen Ende ein Seil gebunden war. Hänschen fädelte das Seil durch einen der

Eisenringe, die an der Wand angebracht waren, und schoß den Pfeil wieder zum Balkon zurück, wo sein Kamerad das Seilende um einen der Eisenstäbe des Balkons schlang. Dann verknüpfte er die beiden Enden ganz fest miteinander.
„So, da hätten wir also die Wäscheleine", dachte Robin zufrieden. „Jetzt fehlt nur mehr die Wäsche." Nacheinander knüpfte er die Goldsäckchen an das Seil, bis nur mehr zwei Goldsäcke übrig waren, die der Prinz unter seinem Kopfkissen aufbewahrte. Vorsichtig zog Robin die beiden Säckchen unter dem schlafenden Prinzen hervor, knüpfte auch diese an das Seil und schwang sich selbst auf das Seil, an dem die Goldsäckchen hingen, wobei aber durch den Ruck alles ins Schwingen kam und die Goldstücke zu klingeln begannen.
„Das Gold ist weg! Hilfe! Haltet den Dieb!" schrie Sir Hiss, der Robin mit dem Schatz an dem Seil hängen sah. Mit den Zähnen versuchte er verzweifelt, den letzten Sack festzuhalten, während am anderen Ende Hänschen mit aller Kraft zog, um seinen Freund so schnell wie möglich in Sicherheit zu bringen. Sir Hiss klammerte sich an das Erstbeste, was ihm unter seinen Schlangenschwanz kam, und... erwischte so das Bein seines Herrn, so daß Prinz John samt seinem Bett auf den Balkon hinausgezogen wurde.
„Hilfe!" schrie er, als er sah, daß er nur an Sir Hiss hängend über der schwindelerregenden Tiefe schwebte. „Hilfe!"
Schon im nächsten Moment zischte ein wahrer Pfeilregen um Robins Kopf, denn auch die Wächter waren inzwischen aufmerksam geworden. „Nicht schießen, ihr Idioten!" schrie der Prinz.

Robin, der in der Zwischenzeit am anderen Seilende angekommen war, brachte sich eiligst in Sicherheit.
„Alle raus hier!“ rief Hänschen zu den Gefangenen. „Lauft direkt zum Burgtor und nehmt die Goldsäcke mit.“
„Wir sind frei!“ jubelten die Einwohner von Nottingham glücklich, als sie dort ankamen.
Zwischen Robin Hood und dem Sheriff war in der Zwischenzeit ein Kampf entfacht. Mit einer Fackel in der Hand hieb er auf Robin ein und merkte dabei nicht, daß er mit der schwingenden Fackel einen Brand entfachte.
Als er dann die Gefahr erkannte, hatte sich der Brand schon so weit ausgebreitet, daß es unmöglich war, ihn noch zu löschen, weshalb der Sheriff schnell über die Treppe flüchtete. Robin kletterte, von den Flammen verfolgt, den Turm immer höher hinauf.
Etwa in der Mitte stürzte er sich aus dem Fenster und landete kopfüber im Wassergraben der Burg. Tauchend erreichte er das andere Ufer und verschwand von dort aus im Wald.
Auf dem Schloß war noch das vollkommene Durcheinander. Prinz John und Sir Hiss stritten sich, und die Soldaten versuchten, das Feuer zu löschen.
Alles wäre wahrscheinlich so weiter gegangen, wenn nicht Richard Löwenherz unverhofft von seinen Kreuzzügen zurückgekehrt wäre.
Jetzt hatte es der Held von Nottingham nicht mehr nötig, sich in den Wäldern von Sherwood zu verstecken. Der König sorgte sofort für Recht und Ordnung und verkündete, daß

alle Geächteten von nun an freie Bürger waren. Gleichzeitig befahl er, alle Steckbriefe im ganzen Lande zu entfernen, auf denen für die Gefangennahme Robin Hoods ein Kopfgeld ausgesetzt war.
Prinz John, Sir Hiss und der Sheriff wurden zur Strafe für ihre Schlechtigkeit zu schwerer Zwangsarbeit im Steinbruch verurteilt. Ab und zu kamen dort die Einwohner Nottinghams vorbei, um die Bösewichte zu betrachten, die sie ehedem so grausam behandelt hatten und von denen jetzt nichts mehr zu befürchten war.
König Richard Löwenherz belohnte seine Untertanen, die ihm während seiner Abwesenheit die Treue gehalten hatten. Unter anderem wurde Bruder Tuck zur Belohnung für seine aufopfernde Tätigkeit unter den Armen zum Abt ernannt.
Als erstes schaffte der König die hohen Steuern wieder ab, so daß jeder das, was er erarbeitete, auch für sich verbrauchen konnte. Was Robin Hood anbelangt, so ist ihm der Titel Graf von Hood verliehen worden, und er war von da an eine der wichtigsten Persönlichkeiten des Reiches.
Seine Lady Mary-Ann hat er endlich geheiratet, wobei König Richard Löwenherz persönlich als Trauzeuge zugegen war. Am Tag nach diesem glücklichen Ereignis waren alle Einwohner von Nottingham versammelt, um die Hochzeit auch gebührend zu feiern.

Pinocchio

Hallo, Freunde! Ich heiße Pepito Grillchen und möchte euch gerne von einer wunderbaren Geschichte erzählen, die ich selbst miterlebt habe.
Alles begann in einer kalten Nacht in einem kleinen Alpendorf. Ich war gerade dort angekommen, und meine einzige Sorge bestand darin, ein warmes Plätzchen zum Übernachten zu finden. Ich ging durch die Hauptstraße des Dörfchens. Am Ende der Straße sah ich ein Haus, dessen Fenster erleuchtet waren. Um die Wahrheit zu sagen, es war das einzige Haus im ganzen Dorf, das beleuchtet war, und von meiner angeborenen Neugierde getrieben, näherte ich mich sogleich dem Gebäude und kletterte auf das Fensterbrett, um von dort ins Innere zu spähen.
Der hell erleuchtete Raum schien eine Tischlerwerkstatt zu sein, mit einer großen Werkbank auf der einen Seite und mit Regalen auf der anderen, die vollgestopft mit hölzernen Uhrgehäusen und Spieldosen waren.
Das Werkzeug, das herumlag, deutete darauf hin, daß der Meister noch am Arbeiten war und nur eine kurze Pause eingelegt hatte. Ich überlegte nicht lange und schlüpfte durch einen Spalt im Fensterrahmen in das so einladend warm aussehende Zimmer und schaute mich hier näher um.

Meine Augen blieben an einer wunderhübschen Puppe hängen, die noch immer unfertig auf der Werkbank lag.
Da hörte ich Schritte aus dem Nebenzimmer und versteckte mich schnell zwischen den Puppen einer Spieldose. Ein alter Mann mit einem gutmütigen Gesicht betrat den Raum und nahm die Puppe von der Werkbank in die Hand. Die Puppe stellte einen etwa achtjährigen Jungen dar.
Mit sicherer Hand fuhr der Meister mit einem Pinsel die Brauen nach und malte die Nasenspitze noch einmal leuchtend rot an.
„So ist es gut", sagte er, nahm die Schnüre in die Hand und ließ die Puppe hin- und herspazieren.
„Sie bewegt sich fast wie ein Kind. Ich werde ihn Pinocchio nennen!"

Meister Gepetto, denn so hieß der Hausherr, ließ Pinocchio zum Klang der Musik tanzen, was sehr lustig anzusehen war.
Als es spät geworden war, löschte er das Licht und ging, von seinem Kätzchen begleitet, ins angrenzende Schlafzimmer.
Der Meister lag schlaflos in seinem Bett. Er seufzte tief auf und dachte an die große Leere in seinem Leben. Er hätte so gerne einen Sohn gehabt; ein Kind, das fröhlich im Haus herumlief und im Alter für ihn sorgen würde... Ja, wenn diese Puppe Pinocchio doch ein richtiger Junge wäre!

Ich hatte es mir mittlerweile im Gehäuse einer Wanduhr gemütlich gemacht und versuchte ebenfalls einzuschlafen.
Auf einmal wurde der ganze Raum in helles Licht getaucht..., und vor meinen überraschten Augen erschien ein wunderschönes Mädchen mit blonden Haaren und durchsichtigen Flügelchen auf dem Rücken. In einer Hand hielt es einen Stab, an dessen Spitze ein Sternchen blitzte. Ich wußte sofort, daß es sich um eine gute Fee handeln mußte.
Die Fee hatte sich der Werkbank genähert, auf der Pinocchio regungslos lag. Nachdem sie ihn eine Weile betrachtet hatte, sagte sie: „Die Bitte des guten Gepetto hat den Himmel erreicht, und sein Wunsch soll nun erfüllt werden!“ Daraufhin berührte sie mit ihrem Stab die Marionette, und... Pinocchio begann sich zu regen, ohne daß jemand an seinen Schnüren gezogen hätte.
Pinocchio blickte zur Fee auf, die ihm liebevoll zulächelte.
„Wer bist du?“ fragte er.
„Ich bin die Blaue Fee und bin gekommen, um dir Leben einzuflößen und so den

Wunsch deines guten Vaters Gepetto zu erfüllen. Von nun an wirst du dich wie ein guter Sohn benehmen, brav sein und ihm folgen.
Wenn du dich daran hältst, werde ich dich dafür belohnen!"

„Und was muß ich tun, um brav zu sein?" fragte Pinocchio.
„Immer deinem Vater folgen, ihn liebhaben und ihn nicht ärgern! Du mußt dich vom Schlechten abwenden und darfst nur Gutes tun!"
„Und wie kann ich das Schlechte vom Guten unterscheiden?" fragte die lebende Puppe wieder. „Du brauchst nur auf die Stimme deines Gewissens zu hören!"
„Mein Gewissen? Was ist das, mein Gewissen?"
In diesem Augenblick beschloß ich einzugreifen und nahm meinen ganzen Mut zusammen.

Ich schlüpfte aus dem Pfeifenkopf und sagte: „Entschuldigung, mein verehrtes Feenfräulein. Mein Name ist Pepito Grillchen, und ich verfüge über die nötige Erfahrung. Wenn Ihr erlaubt, würde ich mich gerne um sein Gewissen kümmern...!“
Die Blaue Fee schien nicht im mindesten über mein Auftauchen erstaunt zu sein. „Ich glaube, das ist eine gute Idee, und so ernenne ich dich vom jetzigen Zeitpunkt an zum Gewissen Pinocchios. Bring’ ihn auf den richtigen Weg, und mach’ einen guten Jungen aus ihm!“

Sie berührte mich mit ihrem Zauberstab, und augenblicklich verwandelten sich meine verschlissenen Kleider in einen funkelnagelneuen Anzug. Nachdem sie sich von uns verabschiedet hatte, verschwand die Blaue Fee.
„Nun gut, Pinocchio!“ sagte ich, glücklich über meine neue Aufgabe. „Von jetzt ab wirst du auf mich hören und meine Ratschläge befolgen.“
In diesem Moment kam der Meister zur Tür herein und mußte sich in die Wangen kneifen, um sich zu vergewissern, daß er nicht träumte. „Pinocchio, du bewegst dich? Du lebst? Ein Wunder ist geschehen!“
Vor Freude schossen ihm Tränen in die Augen, und Gepetto wurde von Rührung überwältigt. Er schloß die Puppe in die Arme wie einen Sohn, tanzte und juchzte

mit ihm herum und feierte dann ein kleines Fest zu Ehren Pinocchios. Als Pinocchio mich dann vorstellte, wurde auch ich herzlichst begrüßt. Der alte Gepetto war froh, daß sein Sohn jemanden hatte, der ihm zur Seite stand.
Nun waren wir aber alle müde und erschöpft von den Aufregungen des Tages, und Gepetto beschloß, daß es Zeit war, ins Bett zu gehen. Außerdem sollte Pinocchio am nächsten Tag, wie alle Kinder, in die Schule gehen, und mußte deshalb ausgeschlafen sein. „Morgen werde ich dir ein Bettchen zimmern, mein Sohn, aber bis es fertig ist, mußt du in meinem schlafen", sagte er.
So gingen wir alle schlafen. Pinocchio, sein Vater und das Kätzchen Figaro legten sich in das riesige Bett. Ich war in der Werkstatt geblieben, und schon bald hörte ich das Schnarchen des alten Gepetto.
Früh am Morgen verabschiedete der alte Meister seinen Sohn, der zum ersten Mal in seinem noch jungen Leben zur Schule ging. „Gib diesen Apfel der Lehrerin!" sagte Gepetto und drückte seinem Sohn einen saftigen roten Apfel in die Hand. „Sei brav und sprich mit keinem Unbekannten!"
„Ja, Papi!" erwiderte Pinocchio und machte sich auf den Weg zur Schule.
Doch kaum hatte er ein paar Schritte getan, stieß er schon auf zwei üble Gestalten. Der eine von ihnen schien der Anführer zu sein und war ein gerissener Fuchs, der sich „Ehrlicher Hans" nannte. Der andere war ein zerlumpter Kater und hörte auf den Namen Gideon.

Es waren unverschämte Kerle, die nur vom Stehlen und von Betrügereien lebten. Kaum daß sie meinen Freund gesehen hatten, diese wunderschöne lebendige Puppe aus Holz, beschlossen sie, ein fabelhaftes Geschäft zu machen und Pinocchio an den Zigeuner Don Zorro zu verkaufen, der mit seinem Marionettentheater durch die Welt reiste und gerade im Dorf gastierte. Augenblicklich machten sie sich an die Umsetzung dieses Plans.
„Wohin gehst du denn, mein Freund?“ fragte Ehrlicher Hans mit zuckersüßer Stimme.
„Zur Schule“, antwortete Pinocchio, der schon wieder vergessen hatte, daß er mit keinem Unbekannten reden sollte.
„Hör’ nicht auf sie!“ mischte ich mich gleich ein. „Laß uns sofort zur Schule gehen!“
„Zur Schule...? Was für ein Unsinn!“ sagte der Fuchs, während er ganz nebenbei den Apfel Pinocchios verschlang. „Hast du vielleicht noch nie daran gedacht, im Theater Triumphe zu feiern? Ich bin sicher, daß du ein außergewöhnliches schauspielerisches Talent hast. Stell dir das einmal vor: Applaus, Erfolg, Geld...!“
„Aber mein Vater will, daß ich zur Schule gehe...“, erwiderte Pinocchio schüchtern.
„Nur, weil er von deinem Talent nichts ahnt... Ich bin sicher, daß dein Vater stolz auf dich wäre, wenn er dich auf den Plakaten der berühmtesten Theater der Welt sehen würde. Außerdem würdest du viel Geld verdienen und könntest ihm damit unter die Arme greifen. Stell dir doch nur das Glück deines Vaters vor!“
Es fiel den beiden Gaunern wirklich nicht schwer, Pinocchio zu überzeugen. Trotz meiner Einsprüche dauerte es nicht lange, bis mein Freund mit dem Fuchs und dem Kater in die Richtung verschwand, in der Don Zorro sein Theaterzelt aufgestellt hatte.

Der Handel zwischen Ehrlicher Hans und Don Zorro wurde natürlich sogleich abgeschlossen, denn für den Zigeuner war es ein fabelhaftes Geschäft, seinem Publikum die außergewöhnlichste Puppe der Welt vorstellen zu können, während Ehrlicher Hans und Gideon sich über ihren prallen Geldbeutel ins Fäustchen lachten.
Am Abend wurde Pinocchio im Theater dem Publikum vorgestellt, das diese Holzpuppe, die sich von selbst bewegte, sehr bestaunte.
Gepetto wurde inzwischen langsam unruhig über Pinocchios langes Ausbleiben. Er hatte ein sehr feines Abendessen vorbereitet, und noch immer war kein Pinocchio in Sicht. Da nahm er den Mantel vom Haken und beschloß, Pinocchio suchen zu gehen. „Vielleicht hat er sich ja verirrt und findet den Heimweg nicht mehr."
Unterdessen hatte Pinocchio seine Arbeit beendet. Das Publikum war begeistert und belohnte die Vorstellung mit einem Münzenregen, der von dem Zigeuner mit vielen Verbeugungen entgegengenommen wurde.
„Ich will zu meinem Papi zurück", sagte Pinoccio zu Don Zoro.
Ein schallendes Lachen war die Antwort. „Du bist wohl verrückt! Glaubst du wirklich, daß ich dich gehen lasse? Du bist viel Geld wert, mein Freundchen, hast du das nicht eben selbst gesehen?"
„Aber mein Papi wartet doch auf mich", schluchzte Pinocchio. „Ich will zu ihm zurück!"
Anstatt ihm eine Antwort zu geben, packte Don Zorro den kleinen Pinocchio und steckte ihn in einen Käfig, den er sorgfältig abschloß. „Du bleibst hier, solange ich dich brauchen kann!" sagte er. „Und wenn du alt bist und nicht mehr arbeiten kannst..., dann werde ich dich zum Einheizen verwenden wie die anderen kaputten Puppen auch!"
Der Zigeuner verließ den Wohnwagen, schlug die Tür mit einem lauten Krachen zu und begann, eilig seine Sachen zu packen.
Er rechnete damit, daß der Vater Pinocchios auf der Suche nach ihm war, was ihm natürlich Scherereien einbringen konnte.

Als ich sah, wie Don Zorro so eilig das Theaterzelt abbrach, verstand ich augenblicklich, daß etwas nicht stimmte, weshalb ich meinem Freund seine Undankbarkeit nicht länger nachtrug und auf den Wohnwagen sprang, bevor er abfuhr. Mühsam kletterte ich ins Innere des Wohnwagens und konnte einen Überraschungsschrei nicht unterdrücken, als ich sah, daß Pinocchio im Käfig eingesperrt war. Mit wenigen Worten erzählte mir mein betrübter Freund, was Don Zorro gesagt hatte. Er bereute sein Benehmen bitterlich. Da erschien plötzlich die Blaue Fee vor uns und fragte mit sanfter Stimme: „Was ist geschehen, Pinocchio? Wie bist du in diese Lage geraten?“
„Ja, weißt du, Blaue Fee... Ein paar Banditen haben mich entführt und hierher gebracht. Nachher...“
Da begann die Nase meines Freundes plötzlich auf unglaubliche Weise zu wach-

sen und wurde mit jeder Lüge länger und länger. „Hilfe, was ist denn das?“ schrie Pinocchio voller Angst.
„Immer, wenn du lügst, wächst deine Nase ein Stück. Du hast nicht die Wahrheit gesagt“, erwiderte die Fee und klang dabei sehr traurig.
„Oh, entschuldige! Bitte! Ich werde auch bestimmt nie wieder lügen“, versprach Pinocchio ganz geknickt, und augenblicklich schrumpfte seine Nase wieder auf ihre normale Größe zusammen.
Nachdem die gute Fee ihn noch tüchtig wegen seines Benehmens ausgescholten hatte, ließ sie ihn frei, nicht ohne ihm vorher noch das Versprechen abgenommen zu haben, sich nie wieder so töricht und ungehorsam zu benehmen.

Kurz darauf sprangen Pinocchio und ich vom Wagen, um so schnell wie möglich in Richtung unseres Dorfes zurückzulaufen. Zu unserem Glück hatte Don Zorro nichts von unserer Flucht bemerkt.
Nachdem wir schon eine ganze Weile die Landstraße entlanggelaufen waren, sahen wir das Dorf vor uns liegen. Wenn alles so weiterging, würden wir bald zu Hause beim guten Meister Gepetto sein.
Als wir im Dorf ankamen, war schon heller Tag. Plötzlich aber tauchte zwischen dem Gebüsch am Wegrand ein Spazierstock auf und hakte sich um den Arm meines lieben Freundes.
„Mein liebster Pinocchio!" säuselte der Fuchs mit süßer Stimme. „Wie schön, dich wiederzusehen. Du bist also des Künstlerlebens schon überdrüssig geworden, ja?"
Ich wollte gerade eingreifen, als mir der Kater einen fürchterlichen Fußtritt verpaßte und mich daran hinderte. Der Fuchs wandte in der Zwischenzeit seine ganzen Überredungskünste auf, und mein unerfahrener Freund hörte ihm mit vor Staunen offenem Munde zu.
„Du siehst auch wirklich angegriffen aus, mein Lieber", redete Ehrlicher Hans auf ihn ein. „So blaß, und die schwarzen Ringe unter den Augen... Hm! Wirklich, ich glaube, du solltest einmal Urlaub machen und dich erholen."
Er schlug sich auf die Stirn und fügte hinzu: „Natürlich, ich habe ja genau, was du brauchst! Ein Freund von mir, ein netter Mensch übrigens, hat den fabelhaftesten

Vergnügungspark, den sich ein Kind nur vorstellen kann. Dort könntest du tun und lassen, was du willst, du weißt schon: spielen, Süßigkeiten naschen, Verstecken spielen, Kuchen essen... Mit einem Wort, dich wirklich großartig amüsieren. Und eben dieser Freund von mir, der Besitzer dieses Vergnügungsparks, hat mir gesagt, ich könnte jederzeit einen Freund dorthin einladen. Sieh mal einer an, jetzt habe ich also das Vergnügen, dich dorthin einladen zu dürfen, damit du dich einmal richtig erholst!"
Während er noch sprach, drängte er Pinocchio die staubige Straße hinunter und wieder aus dem Dorf hinaus. Ich war von dem Fußtritt, den mir der Kater verpaßt hatte, noch immer ganz benommen, und folgte ihnen mit einigem Abstand, in der Hoffnung, es würde sich noch eine Gelegenheit ergeben, Pinocchio zu beraten. Denn für mich stand fest, daß er schon wieder von den Gaunern hereingelegt werden sollte.
Und noch bevor mein Freund reagieren konnte, saß er auch schon in einer Kutsche voller schreiender Kinder, die von sechs kleinen Eselchen gezogen wurde, deren Aussehen mich seltsam traurig stimmte.
Ich hatte gerade noch Zeit, um hinten auf die Kutsche aufzuspringen.
Die Kindergruppe wurde zum Hafen geführt und dort auf einen Raddampfer gebracht, der sofort auslief, kaum daß die Kinder an Bord waren. Die Überfahrt verlief ohne Zwischenfälle, und endlich erreichten wir eine Insel mit einer großen, von hohen Mauern umgebenen Stadt.

Dort wurden die fabelhaftesten Attraktionen dargeboten..., und alles völlig gratis. Hier wurden die Kinder eingeladen, auf ein Karussell zu steigen; dort wurden ihnen dicke Zigarren geschenkt; an der Ecke wurden Eiscreme, belegte Brötchen und Torten verteilt...
Da hörte ich draußen plötzlich entsetzte Schreie, vermischt mit dem verzweifelten Iahen der Eselchen. Ich beugte mich aus dem Fenster, und was ich dort sah, ließ mir das Blut in den Adern stocken.
Die Kinder, die sich dort vergnügten, waren gerade dabei, sich in Eselchen zu verwandeln, während ihre verzweifelten Schreie in ein entsetzliches Iahen übergingen. In diesem Augenblick begriff ich, warum ich beim Anblick jener Eselchen, die die Kutsche gezogen hatten, so traurig geworden war. Es waren nämlich verwandelte Kinder gewesen, die einen hohen Preis für ein paar vergnügliche Stunden bezahlen mußten!
Ich lief, so schnell ich konnte, zu Pinocchio. „Lauf, Pinocchio, wir müssen raus hier!“ schrie ich.
In diesem Augenblick griff sich ein Junge neben Pinoccio auf den Kopf und tastete erstaunt seine Ohren ab. Sie wuchsen unheimlich schnell und nahmen die Form von Eselsohren an. Gleichzeitig begann ihm ein langer Schwanz am Rücken zu wachsen, und noch ehe er sich von seiner Überraschung erholen konnte, war er schon ganz in einen Esel verwandelt.
Pinocchio, der entsetzt die Szene beobachtet hatte, spürte, wie auch ihm ein langer Schwanz zu wachsen begann.
„Lauf, Pinocchio!“ schrie ich angsterfüllt. Wir sprangen aus dem Fenster und liefen, so schnell wir konnten, auf die nahe Küste zu.

Wir sprangen gerade noch rechtzeitig ins Wasser und schwammen verzweifelt, ich weiß nicht mehr wie lange, bis wir die Küste des Festlandes erreichten.
Endlich befanden wir uns in Sicherheit, aber Pinocchio war ein schreckliches Andenken von seinem Abenteuer geblieben: Er hatte zwei Eselsohren und einen langen Schwanz.
„Was machen wir jetzt?“ fragte er mich, noch immer außer Atem.
„Wir werden nach Hause gehen“, erwiderte ich. „Ich hoffe nur, daß dir der Kopfschmuck eine Lehre ist und du dich nicht mehr verleiten lassen wirst. Falls wir noch einmal diese beiden Gauner, den Fuchs und den Kater, treffen sollten, hoffe ich, daß du auf und davon laufen wirst, ehe du wieder mit ihnen sprichst und dich in Schwierigkeiten bringen läßt. Dein armer Vater wird schon ganz krank vor Sorge sein, und wir müssen so schnell wie möglich zu ihm.“

Nach einer langen Wanderung kam das Dorf in Sicht, und wir standen bald darauf vor der Tür des guten Gepetto.
„Es ist niemand zu Hause“, sagte ich überrascht. „Und nach dem Aussehen des Hauses zu urteilen, steht es schon seit Tagen leer.“
Ratlos setzten wir uns auf die Stufen der Haustür.
Grübelnd saßen wir lange so da, als eine Brieftaube vorüberflog und eine Nachricht fallenließ. In dem Brief stand folgendes:

„Mein liebster Sohn! Nachdem du so lange weggeblieben bist, habe ich mich aufgemacht, um dich zu suchen. Man hat mir gesagt, daß du an Bord eines Dampfers gegangen wärst, weshalb ich das nächste Schiff genommen habe und versuchte, dich einzuholen. Leider hatte ich das Pech, daß mein Schiff von einem Wal verschluckt wurde, in dessen Inneren ich mich jetzt befinde. Versuche bitte nicht, mich zu finden! Ich fürchte, wir werden uns nie mehr wiedersehen. Leb’ wohl, mein Sohn. In Liebe, dein Vater!“

„Das ist alles meine Schuld!“ schluchzte Pinocchio. „Ich werde meinen Vater suchen gehen! Ich muß dieses Ungeheuer finden und ihn befreien, auch wenn es mich das Leben kosten sollte!“
Und ohne mir Zeit für eine Antwort zu geben, marschierte er auch schon in Richtung Küste los.
Sobald wir an den Klippen angelangt waren, band er sich einen Stein an den Schwanz.
„Warum tust du das?“ fragte ich ihn erstaunt. „Ich bin doch aus Holz und schwimme immer an der Oberfläche“, erwiderte er. „Aber ich muß doch untertauchen, um dieses Monstrum zu finden und meinen Vater zu retten!“ Mit diesen Worten sprang er ins Wasser.

Ich mußte mir einen Stein in die Hosentasche stecken, um untertauchen zu können, denn ich hatte ja keinen Schwanz zum Anbinden. Nachdem wir beide dann am Meeresgrund angekommen waren, marschierten wir einfach los, in der Hoffnung, das Ungetüm bald zu finden.
Ab und zu fragte ich einen der Meeresbewohner, wo sich das Monstrum denn aufhielt, aber kaum hatte ich seinen Namen ausgesprochen, flohen sie alle in panischer Angst, als ob sie schon allein beim Hören des Namens in großer Gefahr schwebten.
Wir gingen lange Zeit, bevor wir die riesige Gestalt des Wales vor uns auftauchen sahen, der auf dem Meeresgrund lag und schlief.
Im Bauch des Wales lag das halbzerstörte Schiff Gepettos.

Der alte Meister saß geduldig an Deck und wartete auf den Augenblick, in dem das Monstrum wieder seinen Rachen aufreißen würde, um Tausende von Fischen zu verschlingen, von denen er dann einen für sich fangen wollte. Plötzlich begann sich das Wasser rund um das Schiff aufzuwühlen, was ein sicheres Zeichen dafür war, daß das Ungeheuer seinen Rachen aufgerissen hatte, um zu fressen.
Der Meister warf die Angel aus. „Das muß aber ein großer Brocken sein, dem Gewicht nach“, rief er, als er plötzlich einen großen Widerstand an seiner Angelrute spürte. Mit einem kräftigen Ruck gelang es ihm, den Fisch an Deck zu ziehen..., an dessen Schwanz Pinocchio höchstpersönlich hing.
„Papi! Endlich habe ich dich gefunden!“ jubelte Pinocchio an Deck des Schiffes.
Gepetto wollte seinen Augen nicht trauen.
Vor ihm stand sein Sohn.
Mit einem Freudenschrei drückte er ihn an sich.

„Pinocchio, mein lieber, lieber Sohn!"
Da bemerkte er die großen Eselsohren, die unter dem Hütchen des Knaben hervorstanden.
„Was ist denn mit dir geschehen?" fragte er erstaunt. „Sind das nicht Eselsohren?"
„Hihihi, und ich habe auch ein Schwänzchen", erwiderte der Knabe mit einem verkrampften Lächeln, wobei ihm noch ein Iah entschlüpfte. Beschämt blickte er zu Boden. Dem guten Gepetto machte es nicht viel aus. Für ihn war es das Wichtigste, daß er seinen Sohn wieder hatte.
„Aber wie bist du hierher gekommen? Das hättest du nicht tun sollen, mein Junge! Jetzt müssen wir beide für immer hier bleiben..."
„Wir werden schon einen Weg finden, lieber Papi", meinte Pinocchio zuversichtlich. „Schließlich bin ich ja gekommen, um dir zu helfen... und um mich wegen meiner Unfolgsamkeit zu entschuldigen."
In Pinocchio begann es fieberhaft zu arbeiten. Nach ein paar Minuten schlug er sich mit der Hand gegen die Stirn und sagte: „Ich hab's! Wir müssen das Ungeheuer nur zum Niesen oder zum Husten bringen, dann wird das Wasser automatisch nach draußen fließen! Laß uns ein Floß bauen! Wir werden dann ein großes Feuer machen, damit sich der Bauch und der Rachen mit Rauch füllen, und wenn dann der Wal husten muß, werden wir schnell nach draußen befördert."
Sie gingen sogleich ans Werk, bauten ein Floß und zündeten, als sie fertig waren, das

Schiffswrack an. Schon einen Augenblick später öffnete sich der Rachen des Ungeheuers, um zu husten, und unsere Freunde wurden mit dem Floß ins Freie geschleudert. Sobald sie draußen waren, begannen Gepetto und Pinocchio mit aller Kraft zu rudern, um so schnell wie möglich außer Reichweite des Ungeheuers zu kommen. Der Wal tobte und raste vor Wut, und sie wurden von einem wilden Schlag der Schwanzflosse in die Luft geschleudert.
Es gelang den Schiffbrüchigen, wieder an die Oberfläche zu kommen und auf die Küste zuzuschwimmen, die schon in Sichtweite gekommen war. Langsam jedoch verließen den alten Meister die Kräfte, und seine Bewegungen wurden schwächer.
„Du mußt durchhalten, Papi! Wir haben den Strand doch schon fast erreicht!"
Aber der gute Gepetto hatte schon das Bewußtsein verloren. Pinocchio faßte ihn am Hemd und zog ihn, auf dem Rücken schwimmend, hinter sich her. Als Gepetto wieder zu sich kam, lag er am Strand.
„Pinocchio", rief er. „Wo steckst du?"
Mit vereinten Kräften machten wir uns auf die Suche nach Pinocchio. Ich kletterte auf einen Felsen, um Ausschau zu halten, und was ich sah, ließ mir den Atem stocken. Ein paar Meter vor mir lag der Körper meines kleinen Freundes, mit dem Gesicht nach unten..., tot! Mein guter, unfolgsamer und leichtsinniger Freund hatte sein Leben geopfert, um seinen Vater zu retten!

Bitterlich weinend nahm Gepetto den leblosen Körper in die Arme und trug ihn nach Hause. Er legte Pinocchio auf das große Bett und schluchzte untröstlich.
Da spürte ich plötzlich einen leichten Hauch an meiner Seite. Ich hob den Kopf und hörte eine sanfte Stimme sagen:
„Du hast dich gut benommen, Pinocchio, und bist ein braves Kind gewesen. So gut, daß du dein Leben geopfert hast, um das deines Vaters zu retten. Erinnerst du dich, was ich dir an jenem Tag versprochen habe, als ich dich zum Leben erweckte?"
Ich war aufs Höchste erstaunt. Die Blaue Fee war zurückgekommen. Dann berührte sie mit der blinkenden Stabspitze seine Stirn und sprach: „Von nun an wirst du ein richtiges Kind sein!"
Da verwandelte sich der hölzerne Körper Pinocchios plötzlich in Fleisch und Blut.
„Papi!" schrie er voller Freude. „Papi, sieh doch nur! Ich bin ein richtiger Junge geworden!"
Der gute Gepetto glaubte seinen Augen nicht zu trauen, dann lachte und weinte er gleichzeitig, während er seinen Sohn fest an sich drückte. Auch Pinocchio rollten vor Freude dicke Tränen über die Wangen.
Am Abend wurde dann noch ein ausgiebiges Fest gefeiert.
Und ich war froh, am Ende doch ein gutes Gewissen gewesen zu sein.

Cinderella

Unsere Geschichte hat ihren Anfang in einem kleinen mitteleuropäischen Land, zu Beginn des vorigen Jahrhunderts.
Ein junger, wohlhabender Witwer lebt dort mit seiner Tochter, der er keinen Wunsch unerfüllt ließ. Um seiner Tochter eine neue Mutter zu geben, heiratete der Edelmann von neuem. Eine Witwe, die zwei fürchterlich häßliche und schlecht erzogene Töchter hatte, welche sogleich großen Neid und Haß ihrer Stiefschwester gegenüber zeigten, woran man gleich ihre böswillige Natur erkennen konnte. Nach kurzer Zeit starb auch der Vater, und sofort begannen sie, das Mädchen fortwährend zu drangsalieren und sie wie eine Dienstmagd zu behandeln. Während die böse Stiefmutter ihre ganze Aufmerksamkeit nur ihren Töchtern schenkte, mußte die Kleine in einer düsteren Dachkammer schlafen und ihrer Familie dienen. Sie vergaßen sogar ihren richtigen Namen und riefen sie mit dem Spitznamen Aschenputtel.
„Aschenputtel, bring mir das Essen!“ befahl die Stiefmutter.
„Aschenputtel!“ schrie Anastasia sie an, „feg’ mein Zimmer noch einmal; du hast es vorher nicht gut genug gemacht!“
Aber trotzdem blieb das Mädchen weiterhin gütig und verlor seine fröhliche Laune nicht, und während Grizella und Anastasia wuchsen und immer häßlicher und schlechter wurden, verwandelte sich Cinderella in ein wunderschönes junges Mädchen, wodurch natürlich der Neid und die Wut der Stiefschwestern immer größer wurden.

Da ihr die Liebe und das Verständnis der Familie fehlten, suchte Cinderella Zuneigung bei den Tieren des Hauses, mit einbezogen die Mäuschen, die in der Umgebung der Speisekammer hausten. Die kleinen Tierchen standen Cinderella mit Rat und Tat zur Seite, wenn das Mädchen von den bösen Stiefschwestern oder der Stiefmutter wieder besonders schikaniert wurde.

Es wurde immer sehr spät, bis Cinderella zu Bett gehen konnte, um auszuruhen. Am Morgen weckten es die Vögelchen schon sehr zeitig, da es galt, das Frühstück für die Familie zu bereiten.

Nachdem sich das Mädchen ihre bescheidenen Kleider übergezogen hatte, die nur aus Flicken bestanden, begann der harte Arbeitstag. In der Küche bereitete Cinderella das Frühstück zu.

Schon bald hörte man ein wütendes Klingeln, das aus dem Schlafzimmer des Obergeschosses kam, dessen Bewohner hemmungslos schrien: „Aschenputtel!"

„Es scheint, als ob die Damen heute morgen großen Appetit hätten", sagte Cinderella zu sich, während sie Teekannen, Tassen, Teller und Kuchen auf drei verschiedene Tabletts aufteilte. Danach nahm sie die drei Tabletts mit einer außergewöhnlichen Geschicklichkeit, die man nur durch lange Gewohnheit erlangt, und schlug den Weg zu den Schlafzimmern ein.

„Mit jedem Tag bist du fauler", begrüßte sie die Stiefmutter mürrisch. „Komm, komm! Bring' meinen Töchtern das Frühstück."

Anschließend ging Cinderella in das Schlafzimmer ihrer Stiefschwestern, die sie mit Schmähungen und Beleidigungen empfingen.

„Aschenputtel!" schrie Grizella, „geh' in die Küche und störe uns nicht nach dem Frühstück, wir werden Musik spielen."

Anstatt zu musizieren, machten sie nur einen unausstehlichen Lärm. Und die arme Cinderella mußte das zerbrochene Geschirr auflesen, daß ihre ungeschickten Stiefschwestern zerbrochen hatten.
Doch das gute Mädchen beklagte sich nie. Es mußte wieder die Böden im ganzen Haus scheuern, in allen Zimmern Staub wischen– auch auf dem Dachboden – und für alle das Essen zubereiten. Die bösen Stiefschwestern vertrieben sich derweil die Zeit mit sinnlosen Spielen oder dachten sich neue Arbeiten für Cinderella aus, wobei sie die Stiefmutter kräftig unterstützte.
Das Mädchen hatte jeden Morgen die Asche des Küchenfeuers wegzutragen und die Kamine in den anderen Zimmern des Hauses zu reinigen.
Wenn sie dann eine kleine Ruhepause hatte, wurden ihr gleich wieder neue Befehle gegeben, und so kam sie nie zum Ausruhen, während ihre Stiefschwestern, Grizella und Anastasia, faulenzten und es sich gut gehen ließen.

Auf einem Hügel, von dem man die ganze Stadt übersehen konnte, erhob sich das Schloß des Königs. Dieser war ein dicker, alter Mann mir einem riesigen Schnurrbart. „Das kann nicht so weitergehen", beklagte sich der Greis. „Mein Sohn denkt den ganzen Tag nur ans Jagen und vergißt dabei ganz seine Verpflichtungen."
„Verpflichtungen?" wiederholte der Minister, ohne etwas zu verstehen.
„Heiraten! Das ist seine Verpflichtung! Heiraten und zusehen, daß Kinder ins Schloß kommen, die meinen Lebensabend erfreuen." Der König träumte von Enkelkindern, mit denen er spielen konnte, wenn er eines Tages nicht mehr die Verantwortung der Regierung zu tragen hätte. Aber der Prinz machte keine Anstalten zu heiraten, weshalb der König sehr besorgt war.
„Aber Majestät!" stotterte der Minister. „Ihr wißt doch, daß... jedesmal wenn man ihm etwas Ähnliches vorschlägt, der Prinz ablehnt."
„Ja, ja. Es sind eben alle Prinzessinnen, die er kennt, so häßlich, dumm und eingebildet..."
Da rief der Minister aus: „Ich haben eine gute Idee, Majestät. Wenn Euer Sohn noch immer ledig ist, so ist es ohne Zweifel darauf zurückzuführen, daß er die Frau seiner Träume noch nicht gefunden hat. Warum organisieren wir nicht einen Ball im Schloß, zu dem wir alle ledigen Mädchen des Königreiches einladen? Ich bin sicher, daß es unter ihnen eine geben wird, in die sich der Prinz wie verrückt verlieben wird."
„Fantastisch!" rief der König. „Kümmere dich um den Ball! Es soll ein glänzendes Fest werden."

Ein paar Tage später klopfte ein königlicher Briefträger an die Tür des Hauses, in dem Cinderella wohnte.
„Brief vom Schloß!" sagte der Briefträger trocken.
„Vom Schloß? Für diese Adresse?" fragte Cinderella, die sicher war, daß sich der Bote geirrt haben mußte.
„Ja, für diese Adresse", erwiderte er ungeduldig. „Alle fragen mich das gleiche, und ich habe keine Zeit zu verlieren, mit dieser Menge von Briefen, die ich noch auszutragen haben! Guten Tag!"
Cinderella ging ins Musikzimmer, wo die Familie gerade Unterricht hatte.
„Ein Briefträger vom Schloß hat diese Nachricht gebracht", verkündete sie.
„Vom Schloß?" schrie Anastasia und riß ihrer Stiefschwester den Brief aus den Händen, wobei sie ihn zerknitterte. „Gib her, der ist bestimmt für mich."
„Nichts da! Der muß für mich sein!" kreischte Grizella und versuchte, ihrer Schwester den Brief aus der Hand zu reißen.
„Ruhig, Mädchen, ruhig!" schaltete sich ihre Mutter ein, nahm mit Bestimmtheit den Brief in ihre Hände und strich die Falten glatt, die bei der Rauferei entstanden waren.
„Was steht denn drin?" fragten die zwei Schwestern und kauten vor Ungeduld auf ihren Fingernägeln.
Nachdem sie die Nachricht aufmerksam gelesen hatte, lächelte die böse Frau vor sich hin.

Mit Siegesgewißheit in der Stimme sagte sie: „Es dreht sich um eine Einladung zu einem Ball im Schloß, einem Galaabend natürlich. Es sieht aus, als ob sich der Prinz entschlossen hätte, seinem Junggesellendasein ein Ende zu setzen und sich unter den Teilnehmerinnen jene auszusuchen, die seine Gemahlin werden soll. Ja, tatsächlich, hier steht es schwarz auf weiß: man hat alle heiratsfähigen Mädchen des Königreiches eingeladen."
Und langsam den Brief zusammenfaltend, fügte sie hinzu: „Meine Töchter, ich glaube, eure Gelegenheit ist gekommen."
Grizella und Anastasia schrien durcheinander: „Er wird mich heiraten!" „Nein, mich!" „Nein, mich!"
Plötzlich fragte Cinderella dazwischen: „Kann ich auch mitkommen?" Ein lautes Gelächter war die Antwort ihrer Stiefschwestern, und das erste Mal in ihrem Leben wurde Cinderella richtig böse. „Die Einladung vom Schloß besagt, daß alle ledigen jungen Mädchen des Königreiches dabei sein müssen, und ich bin eines davon."
„Glaubst du vielleicht, daß dich der Prinz in deiner Aufmachung zum Tanzen auffordert?" spottete Anastasia.
„Er würde nicht zwischen ihr und einem Besen unterscheiden können!" rief Grizella und brach in schallendes Gelächter aus.
Mit einem bösen Blitzen in den Augen schaltete sich die Stiefmutter ein. „Natürlich kannst du mitkommen", sagte sie mit unverholener Bosheit in der Stimme, „vorausgesetzt, du findest genug Zeit, dich für den Ball vorzubereiten..."
Von da an hatte Cinderella keine Sekunde mehr Ruhe. Ihre Familie hatte die Abmachung getroffen, immer eine Beschäftigung

für Cinderella bereitzuhalten. Wenn sie sie nicht riefen, damit sie ihnen Kleider bügele, die sie schon seit Jahren nicht mehr anzogen, befahlen sie ihr zum hundertsten Mal, die Böden des riesigen Hauses zu scheuern. „Das ist eine Ungerechtigkeit!" beklagten sich die Mäuschen. „Das machen sie absichtlich, damit Cinderella ihr altes Kleid nicht herrichten kann."
„Wir müssen verhindern, daß sie mit ihr machen, was sie wollen!" rief ein aufgewecktes Mäuschen. „Wenn sich Cinderella ihr Kleid nicht selbst nähen kann, dann machen wir es."
Die Idee wurde mit großer Freude aufgenommen, und gleich darauf drängten sich die Mäuschen vor einem Modeheft, um ein Kleid für Cinderella herauszusuchen. Dann holten sie das alte Festkleid der Mutter Cinderellas aus der Truhe und begannen hurtig mit der Arbeit.
Der Tag des Festes kam, und Cinderella hatte noch mehr Arbeit als üblich. Nachdem sie ihre Stiefschwestern gebadet und parfümiert hatte, mußte sie ihre Kleider bügeln. Die Stunden vergingen, und als der Moment gekommen war, zum Schloß aufzubrechen, sagte die Stiefmutter mit falschem , mitleidigem Ton in ihrer Stimme: „Wie ich sehe, hast du dich nicht für das Fest gekleidet, Cinderella. Ein andermal wird es schon werden."
Ganz traurig ging unsere Freundin auf ihr Zimmer und seufzte.

Plötzlich riefen ein paar Stimmchen: „Überraschung, Überraschung!“ und Cinderella sah ein wunderschönes Festkleid auf ihrem Bett liegen.
Unsere Freundin, der vor Rührung Tränen in den Augen standen, bewunderte das Kleid und konnte kaum glauben, was sie sah.
„Komm, mach schnell, wenn du zur rechten Zeit zu diesem Fest kommen willst. Deine Familie ist schon dabei abzufahren...“, riefen die Mäuse.
Cinderella dankte den kleinen Helfern, kleidete sich blitzschnell an und lief die Treppe hinunter. „Bitte, wartet auf mich! Ich komme auch mit zum Ball aufs Schloß!“
Die drei bösen Frauen sahen sich voller Zorn und Entsetzen an.

Was? Das Dienstmädchen sollte mit auf das Fest kommen?
Da ging die Stiefmutter auf Cinderella zu und sagte: „Wie ich sehe, hast du es fertiggebracht, dir ein Kleid zu machen. Und es steht dir nicht schlecht, um die Wahrheit zu sagen. Diese Perlenkette paßt dir sehr gut... und diese rosaroten Bänder..., wo habe ich das alles schon gesehen?“
Anastasia riß ihr die Kette vom Hals und schrie: „Mein Kollier! Du Diebin, gib es mir zurück!“
„Meine Bänder!“ kreischte Grizella, und riß sie herunter, wobei sie gleich das halbe Kleid mitnahm. Nun gab es kein Halten mehr. Wie zwei Verrückte stürzten sich die beiden über ihre Stiefschwester, zerrissen ihr

das Kleid endgültig und waren erst zufrieden, als nur mehr Fetzen an Cinderella herunterhingen.
Danach drehten sie sich um, stolzierten erhobenen Hauptes zu ihrer Mutter und folgten ihr zur Kutsche, die sie kurz darauf zum Königsschloß bringen sollte.
Cinderella stand in der Mitte des Wohnzimmers und war ein Bild der Trostlosigkeit. Sie schaute an sich herab und konnte nicht verstehen, wie es möglich war, daß soviel Haß und Schlechtigkeit in den Herzen der drei Frauen stecken konnte.
Das Kleid, das die Mäuse in mühevoller Arbeit genäht hatten, hing in Fetzen an ihr herunter. Immer wieder schüttelte Cinderella ungläubig den Kopf.
Schließlich stieß sie einen Schrei der Mutlosigkeit aus und lief schluchzend in den Garten hinaus.
Auf eine Gartenbank gestützt, konnte sie den Tränenschwall, der ihr aus den Augen strömte, nicht hemmen und schluchzte heftig.
„Arme Cinderella!“ sagten die Mäuse, die ihr gefolgt waren, zu sich.

„Na, mein Töchterchen, trockne deine Augen und erzähl mir, was dir zugestoßen ist. Ich bin sicher, daß ich einen Ausweg finde.“
Wer da gerade gesprochen hatte, war eine alte Frau mit gütigem Gesicht, die wie von Zauberhand neben Cinderella im Garten erschienen war.
„Ich bin deine gute Fee“, sprach sie weiter, „ich habe dich weinen gehört und bin gekommen, um zu sehen, was dir zugestoßen ist.“
Schluchzend erzählte Cinderella, was ihr zugestoßen war, ohne daß ihre Geschichte das Lächeln im Gesicht der Frau löschen konnte.
„Und das ist alles? Ich bin sicher, daß es eine Lösung gibt!“
„Was wirst du denn machen?“ fragte Cinderella und bestaunte die Unzahl von Sternchen, die sich mit jeder kleinsten Bewegung von dem Zauberstab der Fee lösten.
„Wolltest du nicht auf den Ball gehen?“ sagte die Fee. „ Na, dann machen wir das mal. Du wirst die Eleganteste von allen sein, denn die Schönste bist du schon, dessen bin ich sicher. Du wirst wie eine Prinzessin aussehen, glaube mir.“

Sie schaute rund um sich, bis sie einen prächtigen Kürbis sah, der in einer Ecke des Gartens lag.
„Und eine Prinzessin kann nicht zu Fuß gehen“, fuhr sie fort. „Zuerst brauchen wir eine Prunkkarosse.“
„Dibidi-Babidi-Bu!“ sang sie.
Vor den staunenden Augen Cinderellas und ihrer kleinen Begleiter, den Mäusen, verwandelte sich der Kürbis in eine wunderbare Karosse, wie Cinderella noch nie eine in ihrem Leben gesehen hatte.
Nicht einmal der König besaß so etwas Elegantes.
„Jetzt brauchen wir natürlich Pferde, um sie vor die Kutsche zu spannen“, fuhr die Fee fort.

Ein neuerlicher Zauberstreich, und die Mäuschen verwandelten sich in feurige Rösser, die darauf warteten, die Kutsche zum Schloß zu ziehen.
„Fertig, meine Liebste!“
Cinderella sah an ihrem kaputten Kleid herunter. Die Kutsche sah so schön aus, aber sie selbst glich eher einem Aschenputtel. So konnte sie doch nicht fahren?
Die Fee schlug sich mit der Hand auf die Stirn und rief: „Was habe ich nur für einen Kopf! Hätte doch fast vergessen, dich einzukleiden! Aber das werden wir im Handumdrehn erledigen.“
Sie nahm ihren Zauberstab in beide Hände, nahm ihrem Schützling die Maße ab, ging ein paar Schritte zurück.

Während sie ein paar Worte vor sich hinsang, verwandelten sich die Kleider des Mädchens in das schönste und prunkvollste Abendkleid, das eine Prinzessin je hätte erträumen können.
Cinderella bestaunte sich im Wasserspiegel des Brunnens und mußte sich kneifen, um sich zu überzeugen, daß sie es war.
„Oh, sind diese Schuhe aus Kristall?“ fragte sie die Fee, als sie die durchsichtigen Schuhe an ihren Füßen sah.
„Ja, aber sie sind sehr zerbrechlich“, antwortete die gute Frau.

Voller Freude umarmte Cinderella ihre gute Fee und rief dabei: „Meine Träume sind Wirklichkeit geworden. Ich bin Euch ja so dankbar.“
Dann stieg das Mädchen in die wunderschöne Karosse.
„Ach, fast hätte ich es vergessen!“ sagte die alte Frau, bevor die Pferde lostrabten.
„Der Zauber, der den Kürbis in eine Karosse und die Mäuse in Pferde verwandelt hatte, dauert nicht ewig. Um punkt zwölf Uhr Mitternacht ist er zu Ende und alles wird wieder wie vorher.“

Cinderella betrachtete alles noch einmal mit großem Erstaunen, lief um die Kutsche herum und schaute sich an. Dann drehte sie sich energisch um und bestieg die Kutsche. Zum Abschied winkte es noch einmal der guten Fee und machte sich dann eiligst auf den Weg zum Schloß.
Die feurigen Rösser, die Augenblicke vorher ganz gewöhnliche Mäuse waren, zogen mit ganzer Kraft.

„Rasch, beeilt euch!" trieb Cinderella sie an, die so schnell als möglich ins Schloß kommen wollte, und der Kutscher lenkte die Karosse geschickt über Stock und Stein.
Sie flogen nur so dahin, und im Nu erreichten sie das königliche Schloß, gerade noch zur rechten Zeit, um bei der Eröffnung des Balles zu Ehren des Prinzen dabei zu sein.
Vor Aufregung schlug Cinderellas Herz ganz laut in ihrer Brust.

Im königlichen Schloß hatte das Fest schon beinahe angefangen. Die Säle waren festlich beleuchtet, und in ihnen wandelten die Mädchen des Königreiches und warteten nervös auf das Erscheinen des Prinzen.
Auf einem Balkon, von dem man das ganze Geschehen überblicken konnte, hatte sich der König in Begleitung seines Ministers niedergelassen.
„Sieh mal, wie spät es ist", sagte der König zum Minister, „ und mein Sohn ist noch immer nicht aufgetaucht!"
Er warf einen Blick auf die jungen Mädchen im Saal, und seine schlechte Laune schien noch schlechter zu werden.
„Ich weiß nicht, ich weiß nicht! Sie kommen mir alle so eingebildet vor...! Schau die beiden dort an!" sagte er, und zeigte, ohne es zu verbergen, auf Grizella und Anastasia. „Sie sehen aus wie zwei aufgeschminkte Vogelscheuchen... Ist es denn möglich, daß es im ganzen Königreich kein einziges junges Mädchen gibt, daß das Herz meines Sohnes höher schlagen läßt?"
„Ich glaube doch, Majestät!" sagte der Minister ganz aufgeregt. „Seht das junge Mädchen an, das gerade im Saal erschienen ist!"
Der Monarch schaute in die Richtung, in die sein Minister zeigte und spürte, wie ihm der Atem stockte. Cinderella war gerade in ihrem schönen Kleid in den Saal getreten.

Im selben Augenblick verkündeten die Trompeter die Ankunft des Prinzen.
„Er kommt auf mich zu!“ murmelte Anastasia aufgeregt.
„Nichts da!“ erwiderte ihre Schwester. „Er wird mich zum Tanzen holen!“ Beide Schwestern machten einen Knicks, als der Prinz bei ihnen ankam, aber seinen Weg eilig und ohne sie zu beachten fortsetzte und seinen Blick auf eine Gestalt heftete, die sich am anderen Ende des riesigen Saales befand.
Die Augen aller Anwesenden waren auf das zauberhafte Geschöpf gerichtet, vor dem sich der Prinz verbeugt hatte, um es zum Tanz aufzufordern. Bewunderndes Murmeln erhob sich überall, und man fragte sich, wer wohl die schöne Unbekannte sein mochte.
Die Stiefmutter ließ das Paar jedoch keinen Augenblick aus den Augen. Die schöne Unbekannte kam ihr irgendwie bekannt vor, ohne daß sie sich jedoch erinnern konnte, sie je einmal gesehen zu haben.
Die Stunden verstrichen für das glückliche Paar so schnell, daß Cinderella erschrocken zusammenfuhr, als die Turmuhr anfing, Mitternacht zu schlagen.
„Wie spät ist es?“ fragte sie erschrocken.
„Zwölf Uhr, aber was macht das? Wir haben Zeit soviel wir wollen...“

„Ich muß sofort gehen!“ rief Cinderella und lief zum Ausgang.
„Wartet!“ sagte der Prinz. „Sagt mir doch wenigstens, wie Ihr heißt, und wo Ihr wohnt!“
Aber Cinderella konnte nicht mehr auf ihn hören. Sie lief wie verrückt und hörte ängstlich auf die Glockenschläge der Uhr.
Als sie die Treppe hinunterrannte, verlor sie einen ihrer gläsernen Schuhe. Einen Augenblick blieb sie stehen, entschloß sich aber dann, den Schuh liegen zu lassen, bevor man sie erreichen konnte. Die Karosse wartete am Ende der Treppe. Sobald Cinderella im Innern verschwunden war, galoppierten die Rösser mit unglaublicher Geschwindigkeit davon.
In dem Augenblick, als es zwölf schlug, war alles wieder wie vorher. Die Karosse war nichts als ein prächtiger Kürbis, um den die Mäuschen standen. Cinderella hatte wieder ihr zerfetztes Kleid an, und ihr Anblick erinnerte in nichts an das wunderschöne und elegante Mädchen des Festes.
Cinderella nahm den einzigen gläsernen Schuh, der ihr geblieben war, und lief schnell nach Hause.
Im Schloß hatte inzwischen der Prinz angeordnet, das unbekannte Mädchen im ganzen Königreich zu suchen.

Die einzige Spur, die die Minister jedoch hatten, war der gläserne Schuh, den Cinderella auf der Treppe verloren hatte. Auf Befehl des Prinzen mußten alle jungen Mädchen des Königreiches den grazilen Schuh probieren.
„Ich werde den Schuh anziehen und den Prinzen heiraten!“ sagte Anastasia. „Und eines Tages werde ich die Königin des Landes sein!“
„Das glaubst du wohl selber nicht!“ erwiderte die Schwester. „Ich werde es sein, die ihn heiratet.“
Ihre Mutter sagte nichts. Seit dem Tag des Balles beobachtete sie Cinderella viel aufmerksamer, als sie es je getan hatte. Mit jedem Tag, der verging, war sie sicherer, daß ihre Stieftochter die gleiche war, die mit dem Prinzen getanzt hatte.
An dem Tag, an dem der Minister in ihr Haus kommen sollte, befahl die böse Frau, daß Cinderella in ihre Dachkammer gehen und sich keinen Moment im Wohnzimmer blicken lassen sollte.
Der Minister des Königs, von einem Edelknaben begleitet, der auf einem Samtpölsterchen den gläsernen Schuh trug, betrat das Haus.
Sogleich stürzten sich die beiden Schwestern auf den Schuh.

Anastasia hatte sich schon bald beim fruchtlosen Versuch, ihren Fuß in den Schuh hineinzuzwängen, ihren Fuß verstaucht. Grizella versuchte zu täuschen, indem sie nur den vorderen Teil ihres riesigen Fußes in den Schuh hineinschob und die heraussstehende Ferse mit ihrem Kleid zu verdecken suchte. Doch alle Tricks der häßlichen Schwestern wurden mit Leichtigkeit aufgedeckt.
„Ist sonst noch jemand im Haus?“ fragte der Minister, bevor er ging.
„Nein, mein Herr. Ich lebe allein mit meinen Töchtern.“
„Einen Augenblick noch“, rief Cinderella und lief die Treppe hinunter.
„Sagten sie nicht, daß hier niemand mehr wohnen würde?“ fragte der Minister empört und wandte sich der alten Dame zu.
„Ach, das ist nur unser Dienstmädchen!“ kreischte die Stiefmutter.
„Ich habe den strikten Befehl, ALLEN jungen Mädchen den Schuh anzuprobieren.“
Er richtete sich an Cinderella und sagte:
„Setzt Euch bitte. Ich werde Euch den Schuh anprobieren.“
Da vollzog die Stiefmutter die niederträchtigste Tat, die man sich vorstellen kann. Sie stellte dem Minister ihren Stock zwischen die Beine, so daß dieser stolperte, der gläserne Schuh zu Boden fiel und in tausend Stücke zersprang.
„Oh, nein!“ stöhnte der Minister. „Der Schuh ist kaputt. Jetzt gibt es wirklich niemanden mehr, der meinen Kopf retten könnte. Der Prinz wird fürchterlich wütend werden. Er sucht doch so sehr nach seiner Tänzerin“
„Sorgt Euch nicht, mein Herr“, sagte Cinderella und zog den anderen Schuh aus ihrer Schürzentasche.

„Der andere Schuh!“ rief der Minister und sprang vor Freude. „Ich habe die Unbekannte des Balles gefunden! Endlich!“
Und er fing an, wie verrückt durch den ganzen Raum zu tanzen, vor den haßerfüllten Augen der Stiefschwestern.
Nur aus purer Formalität probierte der Minister Cinderella den Schuh an, der selbstverständlich haargenau an ihrem kleinen, zierlichen Fuß paßte.
Nachdem er damit fertig war, machte er eine tiefe Verbeugung und sagte freudestrahlend: „Ich bitte Euch, die Güte zu haben, mich auf das Schloß zu begleiten. Der Prinz erwartet Euch ungeduldig..., um Euch zu bitten, seine Gemahlin zu werden.“
Während das Mädchen glücklich lächelte, raufte sich die Stiefmutter mit ihren beiden Töchtern die Haare.
Kurz danach, in einem wunderschönen Kleid, daß ihr die gute Fee geschenkt hatte, waren sie schon auf dem Weg ins Schloß.
Tage später wurde die Hochzeit des Prinzen und Cinderellas mit einem Fest gefeiert, wie man es in der Geschichte des Königreiches noch nie erlebt hatte.
Das verliebte Paar schaute sich während der ganzen Zeit glücklich in die Augen.

Alle Hochzeitsgäste bewunderten die Schönheit und Bescheidenheit der Prinzessin, die jetzt kein armes Aschenputtel mehr war, und den sympathischen und stattlichen Prinzen, als das getraute Paar feierlich über die Freitreppe hinunterschritt.
Selbstverständlich bekam in den folgenden Jahren der alte König viele Enkel geschenkt, die er sich so sehnlich gewünscht hatte und die nun seinen Lebensabend versüßten.
Was die Stiefmutter und ihre Töchter betrifft..., so wurden sie auf Wunsch der neuen Prinzessin nicht bestraft, wie sie es verdient hätten, mußten aber ihr Leben lang die fürchterliche Strafe der Selbstverachtung und Verbitterung mit sich herumschleppen.
Cinderella und ihr Prinz aber lebten viele, viele Jahre glücklich im Königsschloß...

Bernard und Bianca

Wir befinden uns in einem riesigen Wolkenkratzer in New York, der den Vereinten Nationen als Hauptquartier dient.
Nachdem wir durch die Empfangshalle hineingegangen sind, fahren wir mit dem Lift in ein Untergeschoß, wo sich Unmengen von Waren türmen, von denen niemand weiß, wem sie eigentlich gehören. Pakete, Truhen, Reisekoffer...
In einer der riesigen Truhen, in einem hinteren Winkel des Kellers, befindet sich die Niederlassung einer der wichtigsten Geheimorganisationen der Welt. Wir meinen damit die Internationale Rettungsgesellschaft, besser bekannt unter dem Namen „Die Mäusepolizei".
An jenem Tage, an dem unsere Geschichte beginnt, wurde hier eine außergewöhnliche Versammlung abgehalten.
„Und jetzt", verkündete der Vorsitzende, „werden wir eine Nachricht, die einer unserer Mitarbeiter aus dem Hafenwasser gefischt hat, einer näheren Untersuchung unterziehen!"
Eine Flasche, in der ein Stück Papier steckte, wurde hereingetragen.

Miss Bianca, ein ganz zauberhaftes und sehr elegant gekleidetes Mäusefräulein von zierlicher Statur, die trotz ihrer jungen Jahre auf eine glänzende, höchst erfolgreiche Karriere als Geheimagentin zurückblicken konnte, las die Flaschenpost vor.
„HI...LFE", entzifferte Bianca. „Das kann man noch am besten erkennen. Dann scheint hier zu stehen:
‚WAISENHAUS MORNINGSIDE'...
Ja, da ist kein Zweifel möglich, das scheint die Adresse zu sein. Es gibt eines mit diesem Namen hier in New York. Und weiter steht hier: ‚BI..N ENTFÜH..RT WO..."
Bianca hob ein wenig unsicher ihr Köpfchen. Die Tinte war völlig verschmiert, so daß man die darauffolgenden Zeilen nicht mehr lesen konnte. Ein Stück weiter unten wurde der Text dann aber wieder deutlicher. „Bitte kommt und rettet mich!" Und eine eilig hingekritzelte Unterschrift: „Penny".
„Es handelt sich hier wohl zweifellos um eine Entführung", bemerkte der Präsident. „Wer von ihnen will den Fall übernehmen?"
„Ich!" rief Bianca sofort und trat nach vorne, „und den Hausburschen Bernard ernenne ich zu meinem Gehilfen bei dem Befreiungsauftrag für Penny."
Und schon gingen die beiden an die Arbeit. Ein Wolkenbruch hatte die Menschen von den breiten Straßen New Yorks vertrieben. Sonst waren diese Straßen regelrecht vollgestopft, und es staute sich der Verkehr darin. Jetzt aber lagen sie menschenleer und verlassen da. Unter einem Briefkasten standen vor dem Regen geschützt Bernard und Bianca und studierten beim Licht einer kleinen Laterne den Stadtplan.
„Ein Zweifel ist gar nicht möglich", sagte der ehemalige Hausbursche und zeigte mit

dem Finger auf eine Stelle des großen Plans. „Wir sind in der Straße des Waisenhauses. Und wenn ich mich nicht irre, dann ist es das Gebäude hier an der Ecke."
Die beiden schlüpften durch ein vergittertes Fenster und stiegen dann in den ersten Stock hinauf, wo die Schlafzimmer der Kinder lagen. Sie schlichen sich zu dem kleinen Koffer am Fußende eines leeren Bettchens, als plötzlich eine Stimme hinter ihnen drohend fragte: „Sucht ihr etwas?"
„Ein Kater!" schrie Bernard entsetzt, packte seine Kollegin und rannte los, um ein Versteck zu suchen.
„Ihr braucht keine Angst vor mir zu haben", klärte sie der Kater auf und klang nun nicht mehr so furchterregend. „Ich habe die Mäusejagd schon lange aufgegeben. Ich bin schon viel zu alt dafür."
Noch immer mißtrauisch schauten unsere Freunde vorsichtig aus dem notdürftigen Versteck hervor.
„Wir sind auf der Suche nach Penny", sagte dann Bianca beherzt. „Kennen Sie vielleicht zufällig dieses Mädchen?"
„Penny?" erwiderte Kater Rufus erstaunt. „Ja, natürlich kenne ich sie. Penny ist meine beste Freundin. Aber im Moment ist sie nicht hier. Sie ist vor ein paar Tagen ganz plötzlich verschwunden."
„Können Sie uns etwas von ihr erzählen?" erkundigte sich Bernard.
„Als sie ihre Eltern verlor, blieb sie ganz alleine auf der Welt zurück. In letzter Zeit

gab es da eine Frau, Medusa war, glaube ich, ihr Name; die schwirrte laufend um sie herum, lud sie zu Spazierfahrten in ihrem Auto ein und so."
„Sie wissen aber nicht zufällig, wo diese Frau wohnt?"
„Doch, natürlich weiß ich das", entgegnete Rufus. „Gleich an der nächsten Straßenecke hat sie ein Pfandhaus."
„Dort müssen wir hin", meinte Bianca.
Gesagt, getan.
Die beiden Mäuschen schlichen sich sofort in den hinteren Teil des Ladens, der mit allerlei Gegenständen vollgestopft war: Sie suchten vorsichtig nach einem Beweisstück, als sie auf ein Schulbuch von Penny trafen. Da klingelte plötzlich das Telefon direkt neben ihnen, und flugs versteckten sich unsere beiden Freunde, als sie Schritte im Nebenzimmer hörten. Die Tür ging auf, und eine ältere Dame kam auf Stöckelschuhen hereingestakst. Sie hatte ihre Haare dunkelrot gefärbt und eine dicke Schicht Schminke im Gesicht.
„Hallo? Bist du's, Snoops?" rief sie mit einer unangenehm keifenden Stimme in den Hörer.
„Waaaaaas...? Dieser Fratz hat schon wieder versucht auszureißen? Was bist du nur für ein Taugenichts! Ich mache mich sofort auf den Weg zur Teufelspfütze...! Ja, ich komme, so schnell es geht! Paß' bis dahin gut auf sie auf! Und wehe dir, wenn sie dir noch einmal entwischt! Ja, noch heute nacht nehme ich das Flugzeug. Also, bis morgen dann!"

Wie besessen begann Medusa, ihre Kleider in einen Koffer zu stopfen und hörte dabei nicht auf, ihren Komplizen zu beschimpfen. Als Bernard und Bianca aus ihrem Vversteck hörten, wie sich die Ladentür schloß, gab Bianca Bernard einen Schubs. „Ihr nach. Wir haben noch einiges zu erledigen."
„Wohin gehen wir denn jetzt?" fragte Bernard und lief seiner Kollegin nach.
„Wir gehen zum Flugplatz. Denn schließlich müssen wir so schnell wie möglich zur Teufelspfütze kommen."
Am Stadtrand von New York steht ein Wolkenkratzer, in dem sich das Hauptquartier einer der wichtigsten Fluggesellschaften von Amerika befindet. Und dort auf der Dachterasse hat die Fluggesellschaft „Abatros Airlines" ihren Sitz.
Kurz darauf befanden sich die beiden Spezialagenten in der Passagierkabine, die nichts anderes als eine leere, an den Albatros angeschnallte Sardinenbüchse war.
Unter großen Anstrengungen erhob sich der Albatros in die Luft.
„So, jetzt sind wir also unterwegs zur Teufelspfütze", meinte Bernard. „Mal sehen, welche Abenteuer dort auf uns warten!"
„Das werden wir bald wissen", erwiderte Bianca gelassen und kuschelte sich in ihren Mantel. „Doch jetzt, mein Freund, wird es das Beste sein, wenn wir ein wenig schlafen, damit wir frisch und ausgeruht sind, wenn wir dort ankommen. Gute Nacht!"
Der Ort mit Namen Teufelspfütze bot wirklich einen schauerlichen Anblick. Er lag inmitten einer Sumpflandschaft, über der fast ständig ein grauer Nebel hing. Feuchtkalt und gruselig wirkte alles, was hier wuchs. Ein breiter schlammiger Fluß, in dem keine Fische schwammen, floß träge dahin. An seinem Ufer lag ein morscher, halbversunkener Raddampfer, den man vor vielen Jahren dort seinem Schicksal überlassen hatte.

Eine kleine Gestalt huschte im Schutz der Dunkelheit vorsichtig auf Zehenspitzen über das Deck des Schiffes, überquerte lautlos den Laufsteg und drang schnell ins Uferdickicht ein.
„Jetzt ist sie dir doch schon wieder entkommen“, brüllte die Stimme Medusas, kaum daß sie die Abwesenheit ihrer Gefangenen bemerkt hatte.
„Snoops, du Idiot, schieß eine deiner Leuchtraketen in die Luft, damit wir die Umgebung erkennen können.“
Dann wandte sie sich den beiden Krokodilen zu, die dort um sie herumkrochen, und befahl: „Los, Nero und Brutus! Ihr nach! Ich folge euch mit dem Pfützenmobil!“
Die Frau sprang auf ein seltsames Amphibienfahrzeug und startete es. Gleich darauf verschwand sie unter dem ohrenbetäubenden Krach eines feuerspeienden Motors mit atemberaubender Geschwindigkeit zwischen dem üppigen Pflanzenwuchs des Sumpfes.
Snoops rannte, so schnell er konnte, in den Maschinenraum. Er war recht klein gewachsen, weshalb er immer Schuhe mit hohen Absätzen trug.

Seine dicken Augengläser und der dichte rote Haarschopf waren weitere unverkennbare Merkmale von ihm.
Als er nun mit klappernden Absätzen in den Maschinenraum kam, öffnete er die Ofentür des Dampfkessels, stellte eine Leuchtrakete hinein und zündete sie. Zischend schoß sie durch den Rauchfang hinaus und tauchte die ganze Umgebung für einige Augenblicke in grelles Licht.
Danach schoß er gleich die nächste ab, und dann eine nach der anderen, genau in den richtigen Zeitabständen, um das Gebiet ununterbrochen zu beleuchten.
Kapitän Orville konnte sich wahrlich nicht als Glücksvogel betrachten. Er erreichte die Teufelspfütze genau in dem Moment, in dem die zweite Leuchtrakete explodierte, und befand sich, ohne zu wissen wie, inmitten des höllischen Lärms eines Feuerwerks.
Eine der Leuchtraketen erwischte ihn sogar am Schwanz, der natürlich sofort Feuer fing.
„Abspringen!“ befahl er knapp, während er an Stabilität verlor und es im Sturzflug nach unten ging.
Mit ihrem Regenschirm als Fallschirm sprangen Bernard und Bianca in die unbekannte Tiefe und landeten nach kurzer Zeit sanft und weich im Schilf. Sie hatten keinerlei Schaden genommen und kamen gerade rechtzeitig, um einer schauerlichen Szene beizuwohnen.

Ein junges Mädchen von ungefähr neun Jahren lief verzweifelt vor zwei riesigen Krokodilen davon, die ihm dicht auf den Fersen waren, während es gleichzeitig von den Scheinwerfern eines Amphibienfahrzeugs angestrahlt wurde.
„Die auf dem komischen Feuerstuhl da ist Madame Medusa", sagte plötzlich eine Stimme neben den beiden Agenten.
Bernard drehte sich um und sah einen Bauersmann mit seiner Frau neben sich stehen. Sie war schon etwas älter und kugelrund und hörte auf den Namen Ellie. Ihr Ehemann war spindeldürr, hatte eine dicke Schnapsnase und hieß Luke. Doch es blieb keine Zeit, nähere Bekanntschaft zu schließen, denn das Schauspiel hatte eine dramatische Wendung genommen. Die beiden bösartigen Krokodile hatten das Mädchen nämlich letztlich geschnappt. Eins von ihnen hielt es an den Trägern seines Kleidchens und schleppte es davon, während das andere Tier mit dem Teddybären des Mädchens ebenso verfuhr.
„Armes Kindchen!" rief Ellie. „Jetzt ist sie ihnen schon das zweite Mal weggelaufen, und jedesmal haben diese Ungetüme sie wieder eingefangen..."
„Wohin bringen sie denn das Mädchen?" erkundigte sich Bernard.
„Zu dem halbversunkenen Dampfer auf der anderen Seite der Teufelspfütze. Dort haben diese Ungetüme ihren Schlupfwinkel aufgeschlagen."
„Meinen Sie damit die Krokodile", fragte Miss Bianca.
„Nein, ich meine damit die alte Hexe und diesen Zwerg. Sie halten das Mädchen dort gefangen!"
„Wie könnten wir denn da hinkommen?" wollte das Mäusefräulein wissen.
„Ihr könnt mit Libellchen hinüberfahren. Sie betreibt einen Fährdienst..."

Bernard und Bianca fanden die Libelle und ließen sich mit dem Boot zum Dampfer übersetzen.
In der Zwischenzeit waren Brutus und Nero mit ihrer Beute beim Dampfer angekommen. Brutus ließ seine Beute mit einem Schlag fallen, und das Mädchen fiel mit einem Plumps zu Boden. Noch bevor es sich aufrappeln konnte, schaute es umher und suchte nach seinem Teddybären, der ebenso unsanft auf dem Bretterboden gelandet war, packte ihn und hielt ihn fest an sich gedrückt.
„Hat dir dieses Ungeheuer wehgetan, lieber Kleiner?“ fragte sie, als ob das Spielzeugtier sprechen könnte.
„Geh’ in deine Kajüte, und zieh’ dir die nassen Kleider aus“, befahl ihr Snoops. „Sonst holst du dir noch einen Schnupfen. Und versuch’ ja nicht wieder durchzubrennen. Diesmal werden Brutus und Nero an deiner Tür Wache halten, damit du auch schön brav bleibst.“
Das Mädchen ging folgsam in den engen Raum, und Nero folgte ihr auf dem Fuße, ohne sie auch nur eine Sekunde aus den Augen zu lassen.
Bernard und Bianca hatten durchs Fenster beobachtet, was sich drinnen abgespielt hatte. Nachdem das Mädchen zu Bett gegangen war, wollten sie hinter der Kleinen herlaufen und sprangen vorsichtig vom Fensterbrett.
Die Kleine sagte gerade ihr Nachtgebet auf.
„Hallo, Penny! Wir sind gekommen, um dir zu helfen“, sagte da plötzlich ein Stimmchen neben ihr.
„Ihr beiden?“ fragte das Mädchen ungläubig. „Wie sollen mich denn zwei so kleine Mäuschen vor diesen Banditen und den Krokodilen retten?“
„Kraft steht nicht immer in unmittelbarem Zusammenhang zur Größe“, erwiderten Bernard und Bianca. „Vertraue uns, und wir werden dich in Sicherheit bringen vor diesen Halunken.“

Und Bianca sagte:„ Erzähle mir doch erst einmal, warum sie dich überhaupt entführt haben.“
„Medusa und Snoops haben einen Schatz gefunden, den Seeräuber in einer Unterwasserhöhle versteckt haben. Unter den Juwelen befindet sich das „Teufelsauge“, der größte Diamant der Welt. Der Eingang zur Grotte ist so schmal, daß nur ich hineinkomme; und auch das nur mit Schwierigkeiten. Ich soll das Teufelsauge heraufholen. Aber ich habe solche Angst dabei... Das Meerwasser macht einen ganz schrecklichen Lärm, und es liegen Skelette herum...!“
„Du steckst uns morgen in deine Schürzentasche, so daß wir immer bei dir sind. Außerdem werden wir die Bauern der Umgebung benachrichtigen.“
Die ganze Nacht schmiedeten die drei ihre Pläne...

Am nächsten Morgen wurde Penny unsanft geweckt. „Komm, Penny, zieh’ dich an! Medusa hat beschlossen, jetzt gleich zur Höhle aufzubrechen...“
„Aber es kommt doch jeden Moment die Flut!“ versuchte das Mädchen einzuwenden. „Ich werde nicht genug Zeit haben, um...“
Doch Snoops reagierte nicht auf ihren zaghaften Protest. Und so befand sich Penny, den Teddybären fest an sich gedrückt und die zwei Mäuschen in ihren Taschen, schon kurz darauf am Eingang der Unterwasserhöhle. Medusa wartete dort bereits auf sie.
„Heute wirst du für mich das Teufelsauge heraufholen!“ rief Medusa.
„Und wenn ich es nicht finde?“ erwiderte Penny.

„Ich bin sicher, daß du ihn heute finden wirst“, meinte Medusa und riß ihr den Teddybären aus der Hand. „Du wirst jetzt in die Grotte hinuntergelassen und kommst erst wieder herauf, wenn du den Diamanten in der Tasche hast.“

„Aber das Wasser wird in die Höhle kommen, und ich werde ertrinken!“ schrie das kleine Mädchen entsetzt.

„Das ist dein Problem, du nichtsnutziger Fratz! Und jetzt hinein in den Kübel und hinunter ins Loch! Und vergiß es nicht: Du wirst das Tageslicht nie wiedersehen, wenn du das Teufelsauge nicht findest.“

Penny war zu erschöpft, um sich noch weiter zu widersetzen. Sie stellte sich in einen alten Holzkübel, den die Halunken an ein Seil gebunden hatten, das über dem Eingang der Höhle hing.

Dann nahm sie die kleine Laterne zur Hand, um in der Dunkelheit etwas sehen zu können, und ließ sich in das schwarze Loch hinunter abseilen, aus dem sie bereits das schauerliche Brausen des in die unterirdischen Höhlen eindringenden Wassers hören konnte.

Endlich war der Holzkübel am Grund angelangt, und Penny sprang heraus. Als erstes holte sie ihre beiden kleinen Freunde aus der Tasche ihres Kleidchens.

Gemeinsam durchstreiften sie die Höhle auf der Suche nach dem Diamanten.

Juwelen und andere Schätze lagen verstreut auf dem sandigen Boden der Höhle herum. Höchstwahrscheinlich waren die Truhen, in denen sie einst aufbewahrt worden waren, schon vor vielen Jahren von den Wellen zerschmettert worden.
Bernard nahm einen silbernen Löffel in die Hand, als ob es sich um eine Schaufel handeln würde, und begann damit in den Bergen von Edelsteinen nach dem „Teufelsauge“ zu graben.
„Ich glaube nicht, daß er hier ist“, murmelte er. „Überlegen wir doch einmal logisch: Wenn ich der Anführer der Piraten wäre, wo würde ich dann diesen kostbaren Stein verstecken?“
Er dachte einen Augenblick nach, während das Rauschen des eindringenden Wassers immer stärker wurde.
„Ich hab's!“ rief er und schlug sich auf die Stirn. „Ich würde ihn genau dort verstecken, wo es am gefährlichsten ist hinzukommen. Genau dort, wo das Wasser in die Grotte eindringt.“
Bernard drehte sich zu Penny um und sagte: „Komm, begleite mich, Penny. Ich möchte, daß du mit deiner Laterne diesen Teil der Höhle ausleuchtest.“
Vor Angst zitternd, folgte ihm das Mädchen in den engen Gang hinein. Da traf der Lichtstrahl der Laterne auf einen zwischen den Felsen eingeklemmten Totenkopf.

Augenblicklich schien sich die Höhle mit tausenden, in allen Farben funkelnden Lichtern zu füllen, die aus den leeren Augenhöhlen des Totenkopfs blitzten.
„Wir haben ihn gefunden!" schrie Bernard triumphierend. „Dort liegt es, das Teufelsauge!"
Plötzlich schoß ein Wasserschwall ins Innere der Höhle, in dem sich Penny und die Mäuschen befanden.
„Die Flut!" schrie Bianca. „Das Wasser steigt! Wir müssen so schnell wie möglich hinauf... Penny, hol' den Diamanten hier heraus, und dann nichts wie weg!"
Ein alter, halb im Sand vergrabener Säbel war genau das richtige Werkzeug. Es steckte die Säbelspitze zwischen die Kiefer, stemmte den Säbel dann gegen einen Stein und drückte nun mit aller Kraft nach unten. Mit einem trockenen Knarren gaben die Kiefer endlich nach. In aller Eile holte Penny das „Teufelsauge" aus seinem Versteck und steckte die Mäuschen in die Tasche ihres Kleidchens. „Ich hab' ihn!" rief sie endlich erschöpft und rannte sogleich auf den Höhlenausgang zu, während das Wasser immer näher kam und der Wasserpegel unaufhörlich stieg.
„Holt mich raus hier!" schrie sie und zog verzweifelt an dem Seil, an dem der Holzkübel hing, der sie nach oben befördern sollte.
„Du kommst da nur raus, wenn du meinen Diamanten gefunden hast", hörte sie die Stimme Medusas durch den Schacht hallen.
„Ich hab' ihn ja", stöhnte Penny. „Ich hab' ihn! Holt mich raus!"

Ein Ruck, und langsam entrann Penny der schrecklichen Gefahr.
„Wehe, wenn du mich angelogen hast“, keifte Medusa. „Zeig’ mir den Diamanten!“
Penny langte auf den Boden des Kübels und gab dann Medusa den funkelnden Stein. Mit Augen, die ihr fast aus dem Kopf fielen, streichelte Medusa zufrieden kichernd das „Teufelsauge“.
„Endlich gehört er mir! Ich habe endlich mein Ziel erreicht. Niemandem wird es gelingen, ihn mir wieder wegzunehmen!“

Inzwischen waren auch die Bauern der Umgebung und Libellchen auf dem Schiff eingetroffen. Und sie kamen gerade im rechten Moment. Denn als sie an Bord kletterten, sahen sie, wie Penny und Snoops von Medusa mit einer Flinte bedroht wurden.
„Versucht bloß nicht, mich aufzuhalten!“ schrie die Frau und fuchtelte mit dem Gewehr herum. „Wer auch nur einen Mucks macht, bekommt auf der Stelle eine Kugel in den Kopf!“
„Bernard, wir werden verhindern, daß dieses schreckliche Weib entkommt!“ flüsterte Bianca. Sie spannten von einer Seite der Kabinentür zur anderen eine Schnur und knüpften sie an einer der Rohrleitungen des Dampfers fest.

Medusa bewegte sich langsam Schritt für Schritt zurück, während sie Penny und ihren Komplizen mit der Flinte in Schach hielt. Als sie die Tür erreichte, stolperte sie über die Schnur und fiel auf den Rücken.
Die Waffe glitt ihr dabei aus der Hand und rollte an Deck.
Da explodierten plötzlich gleichzeitig alle Leuchtraketen von Snoops, und es entstand ein unbeschreibliches Durcheinander. Funken sprühten, und es krachte an allen Ecken und Enden, während das morsche Holz des Dampfers Feuer fing.
„Los, nichts wie weg von hier!“ schrie Bernard.
„Alle auf das Pfützenmobil!“ Penny setzte sich ans Steuer des schnellen Gefährts, und noch während sie losbrausten, sank hinter ihnen langsam der alte Raddampfer auf den Grund.
Ein paar Tage später, in der Zentrale der Internationalen Rettungsgesellschaft, saßen Bernard und Bianca zufrieden vor dem Fernsehschirm. Sie sahen gerührt zu, wie Penny bei ihrer Rückkehr ins Waisenhaus von allen geherzt und geküßt wurde. Aber da, was war denn das? Ein Ehepaar drängte sich zwischen den Kindern durch und nahm Penny in die Arme. Sie waren die neuen Eltern des Mädchens und hatten sie soeben adoptiert.

„Ende gut, alles gut", meinte Bernard philosophisch, während er sich verstohlen eine Träne der Rührung aus dem Auge wischte. „In der Tat, Liebster, so ist es", sagte Bianca und nahm ihn zärtlich an der Hand. „Und jetzt, nachdem wir gesehen haben, wie dieses liebe Mädchen durch unsere Hilfe glücklich geworden ist, meinst du nicht auch, daß es die Gefahren wert war, die wir durchgestanden haben?"

Bernard mußte zugeben, daß seine Kameradin recht hatte.

Ein schwerer Schneefall ging über der Stadt New York nieder und erschwerte den Verkehr auf den Straßen.

Hoch über der Stadt segelte ein Albatros gen Westen. Fest auf seinen Rücken geschnallt trug er eine Sardinenbüchse, in der sich zwei Mäuschen fest aneinander kuschelten, um sich gegenseitig zu wärmen.

„Mensch, man hätte auch wirklich einen anderen Tag aussuchen können, um uns auf eine neue Mission zu schicken!" protestierte Bernard.

„Komm, Liebster!" entgegnete Bianca und tätschelte ihm dabei zärtlich die Hand. „Laß das Brummen sein und versuch', ein wenig auszuruhen. Wir müssen frisch und munter sein, wenn wir unseren Bestimmungsort erreichen."